Wissen Großeltern alles besser?

Wissen Großeltern alles besser?

Marianne und Reinhard Kopp

Bibliografische Information der Deutschen Nationalbibliothek:
Die Deutsche Nationalbibliothek verzeichnet diese Publikation in der Deutschen
Nationalbibliografie; detaillierte bibliografische Daten sind im Internet über
http://dnb.dnb.de abrufbar.

Edition GroßelternAkademie

www.grosselternakademie.de

Herstellung und Verlag: BoD – Books on Demand, Norderstedt

ISBN: 978-3-7543-3306-8

„Glauben Sie, wenn irgendwo in dieser Welt etwas auftritt, von dem ich glaube, dass ich da was lernen kann, dann bin ich sofort unterwegs und sehe mir das an."

(Reinhard Mohn, 1921-2009, Bertelsmann-Nachkriegsgründer, eingespielt bei „Das Blaue Sofa in Gütersloh" am 9. Juni 2021.)

Wegen der besseren Lesbarkeit wird bei Personenbezeichnungen und personenbezogenen Hauptwörtern in diesem Buch hauptsächlich die männliche Form verwendet. Entsprechende Begriffe gelten im Sinne der Gleichbehandlung grundsätzlich für alle Geschlechter. Die verkürzte Form hat rein schreibtechnische Gründe und beinhaltet keine Wertung.

ERSTENS: WISSEN GROßELTERN ALLES BESSER?

Ehrlicher und zugegebener Weise

Ehrlicherweise müssen wir Großeltern zugeben: nein, wir wissen nicht *alles* besser, manches schon.

Großeltern wissen, es wird nichts so heiß gegessen, wie es gekocht wurde, das meiste klärt sich auf irgendeine Weise von selbst, wird geregelt oder findet anders eine Lösung. Das Leben hat uns gelehrt, Katastrophen sind nicht das Ende von allem. So etwas prägt.

Unsere familiären Strukturen wuchsen über die Jahre. Den familiären Alltag zu organisieren und mit Kinderkrankheiten umzugehen gehörte zu unserm Leben. Wir waren eingebunden ins Schulleben unserer Kinder. Wir wissen wie es ist, Pubertierende zu ertragen, ohne selber verrückt zu werden. Die Ängste, wenn Kinder flügge werden und das Haus verlassen, zum Studium in eine andere Stadt oder gar ins Ausland ziehen, sind noch immer bei uns abrufbar. Uns sind zwiespältige Gefühle, was die Partnerwahl unserer Kinder betraf oder betrifft, nicht fremd.
Wir backen, kochen, heimwerkern.
Kurz gesagt, wir kennen das Leben in- und auswendig – meinen wir, glauben wir, nehmen wir an.

Deswegen – sind wir uns sicher – haben wir das gute Recht, unsern Kindern und Enkeln die Richtung zu weisen, ihnen zu sagen, wo es lang geht, der Hase im Pfeffer liegt oder der Bartel den Most holt. Weil wir einen jahresmäßigen Vorteil haben. Sollen unsere Kinder erstmal mit ihren Tagen in unsere Jahre kommen, dann sehen wir weiter! So oder ähnlich mag mancher Großvater, manche Großmutter denken, wenn es ums Recht haben und Besserwissen geht.

Großelterliches Wissen und die heutige Zeit

Dabei ist vielen Großeltern entgangen, dass sich die Welt heutzutage immer schneller zu drehen scheint, obwohl das, astronomisch gesehen, natürlich Unsinn ist. Für manchen Senior trifft leider genauso das Gegenteil zu: die Tage und Stunden kriechen dahin, man weiß nichts mit sich und seiner Zeit anzufangen. Man benutzt deshalb Kinder und Enkel, dieselbe rum zu bringen, indem man ihnen seine Erkenntnisse von anno dazumal aufdrängt.

Wobei wiederum vergessen wird, dass zu „unserer" Zeit, als wir Kinder waren, die Telefone eine Wählscheibe hatten, an jeder Ecke ein Telefonhäuschen stand, es Tante Emma-Läden gab, wo sogar angeschrieben wurde. Auf Ämtern und beim Arzt wurde mit Karteikarten, statt dem Computer gearbeitet.

Der Frühling war damals die Zeit, in der wir alle ins Freie eilten, um in kilometerlangen Staus unsere Sonn- und Feiertage bei Benzingestank auf den Straßen zu verbringen.
Wobei niemand an die Umweltschäden und ihre Folgen dachte. Kurzum, unsere Zeit war eine ganz andere, ihr Erkenntnisgewinn ist nur noch bedingt tauglich.

Rasante Veränderungen bringen neue Erkenntnisse

Unsere Welt hat sich in den letzten Jahren einschneidender geändert als zur Zeit unserer Großeltern, wo sich die Mobilität von der Eisenbahn übers Fahrrad und Auto bis zum Flugzeug entwickelte. Den entscheidenden Unterschied macht die digitale weltweite Vernetzung. Digitalisierung bedeutet nicht nur, mit einem Smartphone umzugehen oder ein paar E-Mails abzurufen. Die Digitalisierung krempelt unser bisheriges Leben völlig um. Wir kommen später nochmal darauf zurück.

Wir Großeltern sehen bisweilen mit Stirnrunzeln, dass bereits Grundschüler ihr eigenes Handy besitzen. Sie daddeln, schicken sich gegenseitig Bilder und Botschaften und filmen auch mal mit, wenn der Lehrer einen Tabubruch begeht.

Leider ist die Autorität, die zu unserer Zeit Lehrer, Polizisten oder Pfarrer hatten, im Schwinden. Vorzugsweise Lehrer sehen sich immer mehr Aggressivität von Eltern ausgesetzt, weil sie mit der Benotung ihres (manchmal faulen) Nachwuchses nicht einverstanden sind. Vor unseren Augen wächst scheinbar eine Enkelgeneration heran, die mit Problemen und Schwierigkeiten nicht mehr umzugehen lernt, sich persönlich angegriffen fühlt und beim geringsten Widerstand kapituliert. Die nichts wegstecken kann und bequem gebettet sein will.

Während wir als Kinder mit vielen Spielkameraden auf der Straße „Räuber und Gendarm" oder „Prinzessin" spielten, Gummitwist hüpften oder in Hüpfkästchen sprangen, sind heute oft selbst Dreißigerzonen kinderleer, weil die Kleinen auf dem häuslichen Grundstück auf eigenen Spielgeräten toben. Ein Zeichen dafür, dass sich Misstrauen selbst in der engsten Nachbarschaft ausbreitet wie eine Seuche.

Während wir früher unbekümmert spärlich bekleidet oder nackt im See herumhüpften, heißt es heute, vorsichtig zu sein. Nicht nur der mit der auffälligen Kamera, auch der mit dem handlichen Smartphone könnte heimlich Bilder von kleinen Kindern aufnehmen. Ein Umstand, den damals kaum einer von uns auf dem Schirm hatte. Deshalb hüten Sie sich, ungefragt Bilder von fremden Kindern, die hübsch im Sandkasten spielen, zu schießen. Es könnte Sie in ungeahnte Schwierigkeiten bringen. Seit es Datenschutzverordnungen gibt, ist das Leben in vielerlei Hinsicht reglementierter. Ein Umstand, einerseits nicht hoch genug zu loben, andererseits mit Schattenseiten behaftet.

Der Arztbesuch ist zwar analog, die Anmeldung aber digital geworden. Ihre Krankenkasse hat Sie mit einem Kärtchen ausgestattet, dass bei jedem Arztbesuch mit dem Computer verbunden wird.

Oder nehmen wir das Bahnfahren. Die kleinen Pappfahrkarten bei der Bahn sind schon lange passé. Heute sind Sie gezwungen, sich auf einem Display selber Ihre Strecke rauszusuchen und am Automaten zu bezahlen. Alles ohne menschliches Zutun, ohne die dienstleistende Hand eines Bahnmitarbeiters. Denn am Schalter zahlen Sie drauf.

Lebenswissen ist wertvolles Wissen

Kennen Sie den Film oder das Buch „Drei Männer im Schnee" von Erich Kästner? Wenn nicht, sollten Sie das eine oder andere unbedingt sehen oder lesen. Es ist ein Genuss und köstlich! Deshalb verraten wir nicht zu viel.

Wer die Geschichte kennt, weiß, worauf wir im Folgenden anspielen: Dr. Hagedorn ruft seine Mutter an, um ihr mitzuteilen, dass er sich verlobt hat. Darauf sie: „Du hast dich verlobt? Schreck, laß nach! Hildegard Schulze? Kenne ich nicht. Weshalb denn gleich verloben? Dazu muß man sich doch erst näher kennen. Widersprich nicht. Das weiß ich besser. Ich war schon verlobt, da warst du noch gar nicht auf der Welt. Wieso willst du das hoffen? Ach so!" (Seite 192, Erich Kästner, Drei Männer im Schnee, Copyright 1931 by Rascher&Cie. AG, Zürich)

„Das weiß ich besser als du ..." ist hier keine Besserwisserei, sondern Lebenserfahrung. Manchmal dürfen Großeltern sagen: „Das weiß ich besser als du", weil dem wirklich so ist.

Wir tauchen nochmal in die Geschichte von Erich Kästner ein. Dr. Hagedorn ist seine Verlobte abhanden gekommen, er kennt nur ihren Allerweltsnamen und hat keine Adresse. Seiner Mutter kommt der nicht unbegründete Verdacht, ihr Sohn sei einer Betrügerin auf den Leim gegangen. An dieser Stelle zitieren wir eine weitere Weisheit von Mutter Hagedorn: (Kästner, Seite 210) „Du bildest dir immer ein, man merkte auf den ersten Blick, ob an einem Menschen etwas dran ist oder nicht. ... Wenn Du recht hättest, müßte die Welt bißchen anders aussehen. Wenn alle ehrlichen Leute ehrlich ausschauten und alle Strolche wie Strolche, dann könnten wir lachen ..."

Natürlich geht die Geschichte gut aus: Dr. Hagedorn findet seine Verlobte wieder und kassiert im Film dabei die Rüge seiner Mutter: „Ein brauchbarer Detektiv wärst du nicht geworden." Alles andere lesen oder sehen Sie am besten selbst.

Manchmal juckt es uns Großeltern in den Fingern. Wir würden am liebsten kräftig mitmischen, uns einmischen, auf den Tisch hauen, Kinder und Enkel gleichermaßen durchrütteln und das Heft selbst in die Hand nehmen. Sich zurückzuhalten kostet dabei mehr Kraft und Nerven, als einzuschreiten. Beißen Sie sich trotzdem auf die Zunge, lassen Sie die Fäuste in der Tasche. Denn Großeltern, die ungebeten und ungefragt ihre Weisheiten zum Besten geben, werden als besserwisserisch und sich einmischend abgetan. Das gäbe leichtes „Futter" für Generationenkonflikte.

Wo unser Lebenswissen kaum anwendbar ist

Bei genauerem Hinsehen bleibt oft nur das Eingeständnis: Obwohl es nur wenige Jahrzehnte her ist, kennen wir vieles nicht mehr wieder.

Beispielsweise, wie es heutzutage in den Schulen zugeht. Weder die Schulzeit unserer Kinder, schon gar nicht unsere eigene, können wir mit der unserer Enkel vergleichen. Besonders nicht in Coronazeiten, wo vorwiegend Homeschooling angesagt war. Den Stress, den diese für unser Land ungewohnte Schulform, bei Eltern, Schülern und Lehrern gleichermaßen verursachte, können Großeltern nicht annähernd nachfühlen. Als wir Kinder waren oder unsere Kinder in diesem Alter, war es zehn und mehr Jahre „normal", morgens den Schulranzen aufzuschnallen und für sechs oder mehr Stunden im Schulhaus zu sitzen, wo der Lehrer den Unterrichtsstoff mit Kreide an die Wandtafel schrieb. Inzwischen ist das Tafelsystem vielerorts digital. Einer von vielen Unterschieden zu unserer Zeit.

Für uns war es damals „normal", dass dieser oder jener mal „Klassenkeile" bezog, es Klassenbeste und Schlusslichter gab, dass Lehrer uns runtermachten oder wir Hausaufgaben vergaßen. Schulbrote aus der Dose, statt Snacks vom Kiosk, Mittagessen daheim, statt in einer Schulkantine. Geregelte Nachmittagsbetreuung für Schüler gab es nur in der ehemaligen DDR, Schulhort genannt. Dort fertigten die Schüler nach dem Mittagessen ihre Hausaufgaben und widmeten sich unter staatlicher Aufsicht Freizeitaktivitäten, bis es Zeit war, heimzugehen.

Das alles gab und gibt es in Zeiten der Pandemie nicht mehr. Jetzt müssen die Kinder daheim vor dem Bildschirm dem Unterricht folgen, die Hausaufgaben runterladen, ausdrucken, ausfüllen, einscannen und wieder hochladen. Wo nur ein Computer für mehrere Kinder zur Verfügung stand, gab es ziemliches Gedränge, manches Kind musste auf dem Smartphonedisplay dem Unterrichtsgeschehen folgen. Außerdem waren viele Eltern ebenfalls im Homeoffice, was beileibe kein Spaß war, denn auch sie mussten für ihr Geld harte Leistung bringen und darauf achten, dass ihnen während einer Videokonferenz nicht die Sprösslinge durchs Bild liefen. Daneben waren noch der Haushalt und die Zubereitung der Mahlzeiten zu bewältigen. Wer es sich leisten konnte, ließ liefern, aber viele, das besagen entsprechende Statistiken, kochten wieder selber. Nicht mal die Großeltern konnten helfen, weil die im ersten Lockdown auch isoliert wurden.

Wie sich solche Situationen anfühlen, erfassen wir Großeltern nur noch aus der Zuschauerperspektive. Damals geriet unser Familienalltag höchstens dann durcheinander, wenn es eine Grippewelle gab und alle darnieder lagen, wenn Kinder über längere Zeit erkrankten, ein Umzug anstand oder eine familiäre Tragödie wie Trennung oder Tod. Unser Leben lief doch bis dato im immer gleichen Trott: Arbeit, Schule, Ferien, Urlaub, Wochenenden, Feiertage.

Unser aller „Normalität" hat tiefe Risse bekommen. Es wird sie so nie wieder geben. Unsere bisherige Lebenserfahrung passt einfach nicht mehr eins zu eins zur heutigen Realität.

Wenn junge Menschen Erkenntnisse umsetzen

2018, während die Hitze- und Dürrewelle weite Teile Europas erfasste, setzte sich ein kleines schwedisches Mädchen mit einem selbstgemalten Plakat vor den Reichstag in Stockholm, um für Klimaverbesserungen zu „streiken", was in ihrem Fall bedeutete, nicht mehr zu Schule zu gehen.

Später streikte sie nur freitags, was der Beginn der Fridays for Future-Bewegung war. Was dann folgte, wurde zu einem unaufhaltsamen Strom. Auch in Deutschland streiken inzwischen jeden Freitag Schüler für besseren Klimaschutz und halten uns Großeltern vor, in der Vergangenheit durch fahrlässiges Handeln die Umwelt zerstört zu haben.

Was zunächst wie Effekthascherei oder Schulfaulheit aussah, hat sich als ernst zu nehmende Bewegung etabliert. Die jungen Menschen haben die Politik so vor sich hergetrieben, dass schlagartig alle zur Bundestagswahl stehenden Parteien ihr „grünes Gewissen" entdecken und manche sogar die dafür gegründete Partei, *Bündnis 90/ Die Grünen* in den Schatten zu stellen versuchen.

Während wir an diesem Buch schreiben, bewirbt sich eine weibliche Grüne um die Nachfolge von Angela Merkel, gegen zwei Männer aus den Volksparteien.

Was Wissen bewirken soll und wo es machtlos bleibt

1972, da waren viele von uns noch im jugendlichen Alter, erschien das Buch „Grenzen des Wachstums", herausgegeben vom *Club of Rome*. In diesem Buch wurde ein bis dahin nicht gekanntes Weltuntergangsszenario apokalyptischen Ausmaßes gezeichnet. Wenn wir weiter so leben und wirtschaften, so der *Club of Rome* 1972, dem ungehemmten Wachstum und der Zunahme der Weltbevölkerung, der Industrialisierung, der Umweltverschmutzung, der Nahrungsmittelproduktion und der Ausbeutung natürlicher Rohstoffe nicht Einhalt gebieten, zerstören wir unseren Planeten. Rasches und entschiedenes Handeln sei geboten, um das Steuer herumzureißen. Kontroverse Reaktionen, sowohl von politischer wie medialer Seite folgten. Die einen waren tief betroffen, die andern äußerten unverhohlene Ablehnung. Dennoch reichte dieser Bericht, das Vertrauen in den unermesslichen technischen Fortschritt und damit verbundenen Wohlstand nachhaltig zu erschüttern.

Heutige Wissenschaftler sprechen inzwischen von den *Grenzen der Anpassung*. Gelingt es nicht, den Klimawandel um zwei Grad zu stabilisieren, wird es Situationen geben, wo die Anpassung entweder zu teuer sein oder uns überfordern wird.

Vier Jahre vor dem Erscheinen von „Grenzen des Wachstums", 1968, erschien zunächst in englischer, 1973 dann in deutscher Sprache, das Buch des amerikanischen Biologen Paul Ehrlich „Die Bevölkerungsbombe". Ehrlich prognostizierte eine bevorstehende Katastrophe, weil es aufgrund der Bevölkerungsexplosion in absehbarer Zeit zu wenig Nahrung für alle gäbe.

Der 2016 verstorbene amerikanische Futurologe Alvin Toffler brachte 1970 ein Buch unter dem Titel „Der Zukunftsschock" heraus. Er beschreibt darin Entwicklungen, die seinerzeit kaum einer für möglich gehalten hätte. Dass sich beispielsweise die Familie als feste Institution auflösen, dass gleichgeschlechtliche Paare heiraten und

Familien gründen werden. Er kündigte die Digitalisierung mit der blitzschnellen Verbreitung von Nachrichten an und prognostizierte die Verlegung der Arbeit von Großraumbüros nach Hause. Sein Buch beschreibt die Übergangszeit in das Zeitalter des Super-Industrialismus und was diese Entwicklung mit jedem von uns machen würde, falls wir nicht handelten. Wer dem nicht gewachsen sei, so Toffler, werde physische und psychische Folgen spüren mit Symptomen wie Reizbarkeit, Erschöpfung, Lethargie oder panischer Angst.

Der Wissbegierde eine neue Richtung geben

Toffler warb für neue Bildungsstrategien, in die er ausdrücklich Computer mit einbezog, um für die Zukunft und ihre Herausforderungen gerüstet zu sein. Dabei regte der Futurologe an, neben dem Geschichtsunterricht Zukunftsunterricht an Schulen einzuführen, denn Geschichtsunterricht sähe ja nur rückwärts in die Vergangenheit. Seiner Meinung nach reichte es nicht mehr, Schülern ein Verständnis für Vergangenheit und Gegenwart beizubringen, sondern man müsse ihnen zeigen, wie man Richtung und Tempo von Veränderungen voraussehen könne. Analphabetismus definierte Toffler nicht als Defizite beim Lesen und Schreiben, sondern als Unvermögen, das Lernen zu beherrschen.

Toffler benannte noch einen weiteren, sehr wichtigen Aspekt: Um mit dem Mehr an Alternativen, die das zukünftige Leben böte, recht umgehen zu können, sei ein persönliches Wertesystem unabdingbar. Nur so sei es möglich, in dem Überangebot von Möglichkeiten individuell die richtige Entscheidung zu treffen. Die Zukunft brauche, so Toffler, Menschen, die mit dem Leben zurechtkommen.

Nach dem Zweiten Weltkrieg wurde im „Kalten Krieg" in Deutschland die Frage der Schulstrukturierung zur Systemfrage zwischen Freiheit und Sozialismus.

In der DDR gab es die Einheitsschule, in Westdeutschland wurde 1955 das dreigliedrige Schulsystem festgeschrieben. Seine Nachteile zeigten sich schon fünf Jahre später, in einer Vergleichsstudie der OECD: Modernisierungsrückstände sowohl in der Volksschule wie in der gymnasialen Stufe.

1964 warnte der Philosoph und Pädagoge Georg Picht vor einer, wie er es nannte, „Bildungskatastrophe" und begründete seine Warnung damit, dass man sich in der Wiederaufbauphase zu wenig auf die wissenschaftlich-technischen Anforderungen der Gegenwart eingelassen habe.
Wörtlich sagte er: „Wenn das Bildungswesen versagt, ist die ganze Gesellschaft in ihrem Bestand bedroht." (Zitiert nach: https://www.bpb.de/gesellschaft/bildung/zukunft-bildung/229702/schulgeschichte-nach-1945)

Der bildungspolitische Aufbruch in Westdeutschland begann 1969 unter der Regierung Brandt. Das Züchtigungsrecht der Lehrkräfte wurde abgeschafft, statt der sogenannten „preußischen Tugenden" wie Fleiß, Sauberkeit, Ordnungsliebe, Disziplin, galten jetzt Autonomie, Emanzipation und Handlungsfähigkeit als Bildungsziele.
Theodor W. Adorno hatte bereits 1959 gesagt: „Das Halbverstandene und Halberfahrene ist nicht die Vorstufe der Bildung, sondern ihr Todfeind." Bildung heißt also, entsprechendes Wissen zielgerichtet anzuwenden und Schlüsse ziehen zu können.

Wissen und UmweltgeWissen

Gehen wir mal von der Annahme aus, Sie haben nach der Schule eine Ausbildung gemacht oder studiert, einen Beruf ergriffen und Familie gegründet, Kinder erzogen, sich häuslich niedergelassen, Autos gekauft, sind in Urlaub gefahren oder geflogen, haben Feste gefeiert. So lief und läuft das allgemeine Leben hierzulande ab. Bisher.

Auf einmal wird diese vertraute Routine durch Ihre Enkel auf den Prüfstand gestellt. Ist es angemessen, wie wir leben?, fragen sie, ist es heutzutage vernünftig, dass wir Auto fahren?, kritisieren sie, ist es gesund, wie wir uns ernähren?, mahnen sie uns zum Reflektieren und Nachdenken.

Was mit dem handgemalten Plakat eines schwedischen Schulmädchens begann, ist inzwischen eine weltweite Bewegung, die global die Politiker ebenso gnadenlos vor sich hertreibt, wie die ältere Generation.

Viele Großeltern sind verunsichert. Soll denn alles falsch gewesen sein? Dürfen wir gar kein Fleisch mehr essen? Wie sollen wir ohne Auto zum Arzt kommen oder zum Einkaufen? Wer hätte gedacht, dass wir Großeltern uns im Herbst unseres Lebens nochmal so hinterfragen müssen!

Anfangs war die Auseinandersetzung ja hochemotional, von „Mörder!", wie eine Klimaaktivistin in Stuttgart bei einer Demo einem Autofahrer wutentbrannt entgegenschleuderte bis zu „geht erstmal zur Schule und lernt dann arbeiten", von Seiten der älteren Generation. Die Pandemie hat für Monate zwar die Demonstrationen stillgelegt, nicht aber die Debatte.

Wir alle, sowohl Alt wie Jung, sind in der Pflicht zu überdenken, was ewige Wahrheiten zu sein schienen: wie wir leben und zukünftig leben wollen oder müssen, um unsern Enkeln einen lebenswerten Planeten zu überlassen und nicht nur tote Wälder und Meere und ein Klima, das zu Nahrungsmittelknappheit führt. Deshalb sei hier noch mal festgestellt: Wir wissen nicht alles besser!

Ansichten und Einsichten

Mancher spricht von Fehleinschätzungen damaliger Zeit, aber so einfach ist das nicht. Wer ahnte schon vor mehr als hundert Jahren, dass Automobile zwar eine andere Form von Mobilität ermöglichen würden, aber auf kosten von Natur und Umwelt, dass Atomkraft zwar eine saubere Energieform darstellte, aber der radioaktive Abfall der Menschheit massiv Probleme bescheren würde?

„Ich glaube an das Pferd, das Automobil ist eine vorübergehende Erscheinung", dieses bekannte Zitat wird dem deutschen Kaiser Wilhelm II. zugeschrieben. Wenn er wüsste, dass mehrere Generationen später nicht nur jede Familie, sondern sogar jedes erwachsene Familienmitglied ein Auto besaß. Dass sich der Trend nicht fortsetzen wird, ist einer späten Einsicht geschuldet.

Es wird behauptet, Gottlieb Daimler habe 1895 gesagt: „Es werden höchstens 5000 Fahrzeuge gebaut werden. Denn es gibt nicht mehr Chauffeure, um sie zu steuern." Heute, fast 130 Jahre später, gibt es Autos mit „eingebautem Chauffeur", die selbstfahrenden Fahrzeuge. Carl Benz war um 1921 der Meinung: „Das Auto ist jetzt vollkommen. Es bedarf keiner Verbesserung mehr." Gut, dass seine Meinung sich nicht durchgesetzt hat.

Thomas Watson, Chef von IBM, war sich 1943 sicher: „Ich glaube, dass es auf der Welt einen Bedarf von vielleicht fünf Computern geben wird." Grund für die Annahme mag gewesen sein, dass die Rechenzentren der frühen fünfziger Jahre Rechenungetüme für kommerzielle Nutzung waren, die mit ihren Tausenden von Röhren ganze Zimmerfluchten füllten und unerträgliche Hitze entwickelten."

Manch anderes, von dem außer Zweifel stand, es würde ein großer Renner, erwies sich dagegen als Flop. Wie die Londoner „Millennium Bridge", die, kaum eingeweiht im Jahr 2000, gleich wieder geschlossen wurde wegen zu großer Schwankungen und über die erst nach zweijähriger Überarbeitungszeit wieder Passanten flanierten.

Die schwedische Galone „Vasa" sank 1628 auf ihrer Jungfernfahrt, sie hatte nicht mal eine Seemeile zurückgelegt. Daneben gab es viele Flops im Bereich Computer, neuer Auto- oder Flugzeugmodelle. Verbraucher und Märkte sind bis in unsere Gegenwart hinein große Unsicherheitsfaktoren für die Industrie. In vielen Fällen stimmt es, wenn gesagt wird: Hinterher ist man immer klüger.

Schwerwiegende Irrtümer

Manchmal irrt die Mehrheit aber massiv. So glaubte man bis vor kurzem, Erdöl löse alle Probleme, Chemie löse die Menschheitsprobleme. Kunstdünger bringe Brot für alle. Wir glaubten, Autos seien das Ultima Ratio – zusammen mit Erdöl, woraus auch Benzin gewonnen wird – die Mobilitätsprobleme der Zukunft zu lösen.

Und so verhielten wir uns: der Güterverkehr wurde von der Schiene auf die Straße verlegt, Bahnstrecken wegen Unrentabilität nicht mehr betrieben. Die Gleise überwucherten oder wurden demontiert. Mancher Wanderweg entstand anstelle ehemaliger Bahnstrecken. Inzwischen schwenken die Verantwortlichen um. Vielerorts ist Rückbau angesagt, um den motorisierten Verkehr in Grenzen zu halten. Weil Fliegen billiger war als Bahnfahren, wurde das Flugzeug gerne für kurze Strecken genutzt. Von Hamburg nach Stuttgart mit dem Flieger oder der Bahn? Es war eine Frage des Preises, der Reisezeit und der Bequemlichkeit. Denn Bahnreisen wurde ungemütlicher: kaum verfügbares WLAN, Unpünktlichkeit, über die Zugtoiletten müssen wir kein Wort verlieren.

Wir alle bewegten uns gerne und vermeintlich „fortschrittlich" auf der Welle des schneller, höher, weiter, billiger. Bis uns dieses Virus in die Knie zwang und unserm Land, Europa und der Welt eine Zwangspause aufnötigte. Und siehe da, vieles ließ sich von daheim erledigen, per Zoom oder mit anderen digitalen Möglichkeiten. Plötzlich ist das Auto nicht mehr das Fortbewegungsmittel der Zukunft, sondern fordern junge Menschen, die Städte autofrei und dafür fahrradfreundlicher zu gestalten. Liebe Großeltern, wir müssen wieder Fahrradfahren lernen und zu Fuß zu gehen, sonst sind wir abgehängt!

Wissen und Wahrheit

In der DDR galt Religion als rückschrittlich. Grundlage der Staatsdoktrin war der sogenannte „wissenschaftliche Materialismus". Während der 60er Jahre, damals regierte Walter Ulbricht, war es besonders heikel, sich zu einer Kirche oder Religion zu bekennen. Ulbricht kannte keine Skrupel, wenn es darum ging, Kirchen platt zu machen. Unter seiner Führung wurde beispielsweise die Universitätskirche in Leipzig weggesprengt. Christen galten in dieser Ära als „Feinde" des Staates.

Andererseits brauchte es als Pendant zur christlichen Tradition auch Feiertage, Traditionen und Rituale. So wurde der 1. Mai, genannt „Internationaler Kampf- und Feiertag aller Werktätigen" zu einem Festtag mit festem Ablauf: Morgens Demonstration (Teilnahme war Pflicht) und nachmittags Volksfeste. DDR-Bürger feierten den 1. September, den Beginn eines neuen Schuljahres, wenn es in der Familie einen Schulanfänger gab. Der 7. Oktober, Gründungstag der DDR, war ebenfalls ein Feiertag. Advents- und Weihnachtszeit versuchte man des religiösen Inhalts zu entflechten. Engelfiguren wurden zur „geflügelten Jahresendfigur". Staatstreue Dichter und Komponisten brachten Weihnachtslieder ohne religiösen Bezug heraus. „Sind die Lichter angezündet" oder „Tausend Sterne sind ein Dom", sind beispielsweise Lieder, die immer noch gerne gesungen werden.

Und nicht zu vergessen, die Jugendweihe. Kommunion oder Konfirmation waren nur noch Schattenereignisse, im Gegensatz zur Jugendweihe. Handel und Gaststätten wurden extra beliefert, damit das Fest würdig über die Bühne gehen konnte. Vormittags fand die Feierstunde statt, musikalisch umrahmt und mit einer Festrede. „Grüßt das Jahr 2000 von uns!", rief damals ein Festredner den Jugendweiheteilnehmern euphorisch zu. Als Antwort sangen sie: „So gewiss, wie Wasser fließt und sich Turbinen dreh'n, werden wir das rote Jahr, das Jahr 2000 seh´n. Sturmzerissen flieht am Horizont die Wolkenwand: auf den Schultern tragen wir die Sonne in das Land ..." Jeder Jugendweiheteilnehmer erhielt das Buch „Weltall, Erde, Mensch", eine Zusammenfassung dessen, was die kommunistische Ideologie besagte, den Staat ausmachte, quasi eine Bibel des wissenschaftlichen Materialismus. Auf Seite 5 dieses Buches steht der Satz: „Dieses Buch ist das Buch der Wahrheit."

DDR-Bürger liefen an Plakaten vorbei, auf denen geschrieben stand: „Die Lehre von Karl Marx ist allmächtig, weil sie wahr ist!" Man hatte zwei Worte dem religiösen Kontext entnommen: Allmacht und Wahrheit. Für Christen gibt es nur einen, der das verkörpert: Gott. Diese Staatsideologie hatte nicht nur größenwahnsinnige Ideen zur Grundlage, sondern auch bewusste Blasphemie.

Im Buch „Weltall, Erde, Mensch" gibt es auf Seite 417 eine bemerkenswerte Bildunterschrift: „In moderner und zeitsparender Plattenbauweise werden unsere neuen Wohnhochhäuser montiert. *Die alten traditionellen Bauplätze verschwinden aus dem Stadtbild.*" (Kursive Hervorhebung durch Autorenpaar.) Das war damals nicht nur kommunistischer, sondern allgemeiner Zeitgeist. Nur war man bei uns in der DDR aufgrund von Planwirtschaft und notorischem Materialmangel nicht so flink wie im Westen. Deshalb ist in vielen ostdeutschen Innenstädten die alte Bausubstanz erhalten und konnte nach der Wende erfolgreich restauriert werden. Wir empfehlen Ihnen, Leipzig, Görlitz, Quedlinburg oder Dresden zu besuchen. Wenn Sie sich für „sozialistische" Bauweise interessieren, sind Sie in Eisenhüttenstadt, Halle-Neustadt oder Hoyerswerda richtig.

Wissen und Verantwortung

Damals, im Wohlstandsrausch der Nachkriegsjahre, kam alles recht, was modern war und das Leben leichter machte. Dazu gehörten Chemiefasern genauso wie Plastikprodukte. Farben wurden nach rot, gelb oder grün ausgewählt, nicht nach deren Zusammensetzung. Wie schädlich sie waren, bekam mancher buchstäblich am eigenen Leib zu spüren, genau wie andere „Wundermittel", die sich im Nachhinein als Teufelszeug entpuppten.

1953 wurde in der damaligen Bundesrepublik die Arbeitsgemeinschaft der Verbraucherverbände, Vorläufer der heutigen Verbraucherzentrale, gegründet. Die Arbeitsgemeinschaft führte 1961 den ersten vergleichenden Waschmitteltest durch. Die Stiftung Warentest wurde Ende 1964, aufgrund eines Beschlusses der damaligen Bundesregierung, als eine selbstständige rechtsfähige Stiftung gegründet. Jährlich werden von der Stiftung Warentest über 200 vergleichende Tests durchgeführt. Mehr als 6.000 Warentests und mehr als 3.000 Dienstleistungstests sind es inzwischen geworden. Die Ergebnisse sind einerseits gefürchtet, dienen andererseits einem Umsatzschub. Verbraucher können sich umfassend über Produkte informieren und somit für ihr Verhalten persönliche Verantwortung übernehmen.

Wissen und Erkenntnis

Neuer Kühlschrank, neue Waschmaschine oder neuer Wäschetrockner? Sie und wir wissen genau, wonach wir vorrangig schauen müssen: nach der Energieeffizienz. Wir nutzen Sparlampen oder LED-Beleuchtung statt Glühbirnen. Plastikbeutel sind schon lange out, für Obst und Gemüse gibt's in jedem Supermarkt inzwischen die feinen wiederverwendbaren Netzbeutel. Wir sparen Wasser und sammeln Regenwasser für die Gartenbeete.

Haben Sie sich schon mal im Laden eines Upcycling-Unternehmens umgesehen? Er gleicht einer exotischen Boutique. Wiederverwenden, anstatt entsorgen, ist das Motto. Aus alten Getreidesäcken werden schicke Rucksäcke oder Taschen, aus Fahrradschläuchen Federmappen oder Geldbörsen. Alles einmalig und extravagant. Obwohl man den Produkten ihre Herkunft ansieht, bleiben sie etwas Exklusives.

Umweltschutzverbände mischen kräftig mit, wenn es um Maßnahmen zum Schutz der Umwelt geht. An ihrem Einspruch ist schon manches Bauvorhaben, sowohl der öffentlichen wie auch der privaten Hand gescheitert.

1899, bereits 80 Jahre vor dem BUND, gründete sich der Vorläufer des heutigen NABU als Vogelschutzbund. Beide Vereine haben inzwischen eine gewichtige Stimme und werden von der Politik gehört, wenn es um Verkehrsinfrastrukturprojekte geht, wie beispielsweise das Bahnprojekt „Stuttgart 21". Bedrohte Tierarten waren umzusiedeln, bevor mancher Tunnel in den Berg getrieben, manche Trasse verlegt werden konnte. Wenn wir uns Artenschutz nichts kosten lassen, kostet uns Versäumtes dafür eine lebenswerte Umwelt. Nur im Einklang mit der Natur ist die Zukunft unserer Enkel gesichert.

Seit der Corona-Pandemie wird wieder vermehrt daheim gekocht, regional und saisonal und – bio. Vegetarische oder vegane Ernährung ist auf dem Vormarsch, die junge Generation hat dem ungehemmten Fleischverbrauch und -genuss den Kampf angesagt. Der sogenannte CO_2-Fußabdruck gilt inzwischen als Kriterium für persönliches und politisches Handeln.

Einwecken ist wieder hipp, das Equipment dafür wird überall angeboten. Marmelade kochen die jungen Frauen in einem allseits bekannten und seit Generationen beliebten Küchengerät. Sie backen inzwischen auf die gleiche Weise ihr Brot. Bewusster leben, essen und genießen lautet die Devise, back to the roots.

Wussten Sie, dass der 29.9. neuerdings der internationale Tag gegen Lebensmittelverschwendung (Food Waste) ist? Den Anstoß dazu gaben die Vereinten Nationen, um auf die wirtschaftlichen, sozialen und ökologischen Folgen der Lebensmittelverschwendung aufmerksam zu machen.

Während wir Großeltern darauf bedacht sind, Essensreste aus der eigenen Küche sinnvoll zu verwenden, damit sie nicht in den Müll wandern, denken junge Menschen weiter. Sie prangern an, dass Waren nach Ablauf des Mindesthaltbarkeitsdatums vom Lebensmittelhandel entsorgt werden. Brauchbare, genießbare Lebensmittel für wer weiß wie viel Euros landeten täglich in Containern.

Als Reaktion auf diese Proteste und das sogenannte „Containern", wo junge Leute auf dem Gelände der Lebensmittelmärkte eingeschweißte Lebensmittel, auch Obst und Gemüse, illegal aus Containern „retten", gibt es in vielen Märkten inzwischen schon Regale mit der Aufschrift: „Ich bin noch gut" oder „Ich bin noch genießbar", abgelaufene Ware für kleines Geld.

Um der Lebensmittelverschwendung entgegenzutreten, wurden beispielsweise Plattformen wie „Foodsharing" oder „too good to go" gegründet. Bei „Foodsharing" werden Lebensmittel mit abgelaufener Mindesthaltbarkeit bzw. wo der Konsum ohne Bedenken möglich ist, verschenkt, oder solche, die bis Ladenschluss nicht mehr verkauft werden können. Das geht per Smartphone-App.
Bei „too good to go", ebenfalls per App, können sich Nutzer bei einem Restaurant, einer Bäckerei u. ä. registrieren, um zum Feierabend für wenig Geld ein „Überraschungsmenü" oder eine Tüte Backwaren abzuholen.

Das alles schont Ressourcen und den Geldbeutel. Für Händler und Restaurantbetreiber bedeutet es einen zusätzlichen Umsatz. Es gibt allen Beteiligten das sinnstiftende Gefühl, die Welt ein wenig besser gemacht zu haben und aktiv die Lebensmittelverschwendung zu bekämpfen. Solche Angebote gelten selbstverständlich das ganze Jahr über und nicht nur am 29. September.

Unnützes oder nützliches Wissen – Entscheiden Sie selbst!

Wussten Sie, dass es in der EU mehr Handys als Menschen gibt und dass man in Maryland keinen Löwen mit ins Kino nehmen darf?
Nein?
Vergessen Sie es, das ist unnötiges, unnützes Wissen, das keinen interessiert und mit dem man nicht einmal „angeben" kann.
Jedoch sollten Sie wissen, dass wir Menschen beeinflussbarer sind, als uns lieb ist. Wir können uns nur 90 Minuten am Stück konzentrieren, genau eine Spielfilmlänge.

Etwas nicht zu wissen oder Unsicherheit bringt Menschen automatisch in einen Verteidigungsmodus. Sicherheit dagegen gibt Souveränität.
Ist Ihnen bewusst, dass es Menschen sympathischer macht, wenn sie eine Bitte äußern?
Wer um Hilfe bittet beweist nicht etwa Schwäche, sondern Stärke.
Ebenso zeugt von Stärke, zuzugeben, etwas nicht zu wissen. Die Bereitschaft, sich etwas erklären zu lassen, zeugt von Offenheit und Neugier.

Waren die letzten Sätze für Sie auch „unnützes Wissen"?

Etwas wissen wollen oder nicht, die Entscheidung liegt bei jedem selbst. Was für den einen von äußerster Wichtigkeit, ist für den andern eben – unnützes Wissen. Für die einen ist die Übertragung des Fußballspiels unverzichtbar, für andere der Wetterbericht. Viele interessieren sich für Tiere, andere für Pflanzen. Es gibt Städte- und Naturliebhaber. So unterschiedlich ist das, denn wir sind alle unterschiedlich.

Müssen wir alles wissen?

Als zu DDR-Zeiten unser Besuch aus Westdeutschland mit dem Auto angereist kam, wurde gleich die Motorhaube geöffnet und mehrere neugierige junge Männer stießen sich die Köpfe über dem Motorraum: Wo sind die Kerzen, die Batterie usw.? Der Wagenbesitzer lehnte unbeteiligt daneben und antwortete stereotyp: „weiß ich nicht!" Die jungen Männer waren erst perplex, dann entsetzt. Eifrig versuchten sie, den Westbesuch zu „bekehren". Solches Nichtwissen war für sie verantwortungslos und fahrlässig. „Aber wenn du mal eine Panne hast", malten sie ihm ein Schreckensszenario vor Augen, „dann hole ich den Pannendienst", war die gelangweilte Erwiderung. Wie man ein Auto repariert war für ihn „unnützes" Wissen, mit dem er sich nicht belasten wollte.

Wissen Sie, wie Autoreifen hergestellt oder nach welcher Technik Dächer gedeckt werden? Muss ich nicht wissen, werden Sie mit Recht antworten, dafür gibt es Fachleute. Sollte das Dach nach dem Eindecken nicht dicht sein, könnte man sich sogar vor Gericht treffen, auch dafür gäbe es Fachleute, Anwälte genannt. Deren Kopf müssen wir uns im Falle eines Falles auch nicht zerbrechen, die haben Recht studiert und kennen sich mit Paragraphen aus.

„Genossen, wir müssen alles wissen", soll der oberste Stasichef Mielke einst seine Stasi-Genossen angespornt haben. Glücklicherweise sind diese Zeiten vorbei.

Auch wir Großeltern müssen nicht alles wissen und können. Über Computer beispielsweise, denn über viele brach das digitale Zeitalter erst mit voller Wucht herein, als sie schon im Rentenalter waren. Sie dürfen es genauso halten, wie seinerzeit unser Westbesuch mit seinem Auto: Sie müssen nicht wissen, wie Algorithmen funktionieren und so ein Computer aufgebaut ist. Nutzen Sie die Geräte und wenn es Schwierigkeiten gibt, fragen Sie Kinder oder Enkel. Oder suchen Sie sich seniorengerechte Computerschulungen. Das wäre Ihr Pannendienst. Aber bitte, bleiben Sie dran und immer offen für neue Erkenntnisse, nach dem Motto: Wer nicht mit der Zeit geht, geht mit der Zeit ...

ZWEITENS: WISSEN IST MACHT

Großelterliches Wissen als Ressource

Dass Wissen Macht ist, wusste schon der englische Philosoph Francis Bacon, der Anfang des 17. Jahrhunderts starb. „Wissen ist Macht, aber nichts wissen macht nichts", vielleicht kennen Sie diesen Spruch noch aus Ihrer Jugend.

Unser großelterliches Wissen ist von unschätzbarem Wert. Und zwar nicht das fachspezifische, das wir uns im Laufe unseres Berufslebens angeeignet haben, sondern das Erfahrungs- und das Handlungswissen.

Großelterliches Wissen ist „stilles" Wissen

Wer seine Enkel mit Faktenwissen aus einem akademischen Arbeitsleben oder als Bauarbeiter beeindrucken will, bekommt oft nicht so viel Aufmerksamkeit wie einer, der seine Enkel am eigenen Erfahrungsschatz teilhaben lässt. Bei großelterlichen Erfahrungen handelt es sich um das sogenannte „stille Wissen", ein Fundus, von dem sie nicht viel Aufsehen machen.

Es war dieses „stille Wissen", das uns Autorenpaar scheitern ließ bei unserer Umfrage unter verschiedenen Großeltern, was man als Oma oder Opa so machen müsste. Wir haben schon mehrfach davon berichtet, wie wir nur vage Auskünfte und Schulterzucken ernteten, was uns schließlich auf die Idee brachte, selbst auf die Suche zu gehen. Seitdem versuchen wir, dieses „stille Wissen" in passende Worte zu fassen, was aber gar nicht leicht ist.

Statisches und dynamisches Wissen

Das ist statisches Wissen: Die Erde ist ein kugelförmiger Körper, der sich um die Sonne dreht. Was runterfällt landet unten, nicht oben. Flüsse fließen bergab, Wasser gefriert bei null Grad Celsius und wird beim Kochen zu Dampf.

Alles ewig gültige Wahrheiten, seit Jahrtausenden unverändert. Frühling, Sommer, Herbst und Winter, das Leben mit den Jahreszeiten, wie es sich anfühlt und wie wir uns damit eingerichtet haben, solches Erfahrungswissen geben wir an unsere Enkel gerne weiter.

Genauso wie die Warnung vor dem Griff ins Feuer. Feuer ist heiß und ruft Verbrennungen hervor, mit schlimmen Folgen. Wir wissen, wie lange eine Schwangerschaft dauert, wie der Reifegrad des Ungeborenen in welchem Stadium zu sein hat. Die mathematischen Gesetze haben sich im Laufe der Zeit nicht geändert, Rechtschreibung und Sprache dagegen schon. Niemand spricht mehr althochdeutsch und nur wenige können noch Sütterlinschrift lesen.

Solches Wissen ist dynamisch.

Wissen, die Grundlage des Miteinanders

Wir haben aufgrund solchen und anderen Wissens Normen und Regeln aufgestellt und wissen manchmal nicht, wie mit Abweichungen umgehen.

Was, wenn plötzlich so ein Virus das Leben auf unserm Planeten umkrempelt und alles, was bis dato selbstverständlich erschien, auf einen Schlag aus den Angeln gehoben wird?

Wir erleben gerade, dass Wissen keinesfalls zementiert ist. Die Gelegenheit für Großeltern, als lebenserfahrene Menschen auf den Plan zu treten und Mut zum Durchhalten zuzusprechen. Die Gelegenheit, den Enkeln Trost und Geborgenheit zu spenden. Ein passender Anlass, unsern Enkeln etwas von den Unwägbarkeiten des Lebens zu erklären und gleichzeitig darauf hinzuweisen, dass es niemandem hilft, sich ein Plakat vor den Bauch zu binden, um gegen die Regierung Sturm zu laufen. Jetzt wäre es besser, zusammenzustehen und zusammenzuhalten, um diese Pandemie zu bezwingen.

Verlorengegangenes Wissen – inzwischen wiederentdeckt

In der zweiten Hälfte des 19. Jahrhunderts formierte sich eine vielschichtige Gesundheitsbewegung. Sich mit Naturheilkunde zu befassen, wurde Mainstream. Männer wie Sebastian Kneipp, Vinzenz Prießnitz, Johann Schroth oder Eduard Bilz – sie hatten allesamt keinerlei medizinische Vorkenntnisse und waren Autodidakten – widmeten sich einer ganzheitlichen Therapie, ohne Tabletten und Spritzen. Ihre Erkenntnisse sind heute wieder populär. In manchem Ferien- oder Kurort gibt es „Kneipp-Anlagen", Wasserbecken, in denen zum Wassertreten eingeladen wird. Denken Sie daran, wer richtig „kneippt", macht Storchenschritte. Schlurfen Sie also nicht einfach im Rund, sondern staksen Sie wie ein Storch, obwohl es komisch ausschaut und Umstehenden ein Kopfschütteln abnötigt. Aber nur so erzielen Sie den gewünschten Effekt.

Nicht nur mit Kopfschütteln hatten es die drei erwähnten Gesundheitspäpste zu tun.

Viele studierte Mediziner standen den Ideen einer ganzheitlichen Gesundheitsprävention äußerst skeptisch gegenüber. Was sollten ein Landwirt, ein Weber oder ein Pfarrer schon von Anatomie und Physiologie wissen? Und doch hatten diese medizinischen Laien in vielem Recht. Etliches wurde inzwischen von der Schulmedizin übernommen. Bevor der Hausarzt Herzpillen verschreibt, rät er seinen Patienten meistens, sich regelmäßig zu bewegen. Oder im Fall von Magenbeschwerden einfach mal die Essgewohnheiten in Richtung fettfrei und pflanzlich zu überdenken. Schulmedizin und Naturheilkunde finden immer mehr zusammen, zum Wohle der Patienten.

Hier ein Originalauszug aus dem Bilzbuch von 1888:
Bilz, S. 870/71: „Lebens- und Gesundheitsregeln.
Wenn man sein Leben verlängern will, beachte man folgende wichtige Regeln:
1. Treibe man von frühester Jugend an Haut- und Körperpflege.
2. Sorge man für Einatmung guter Luft bei Tag und Nacht, sowie für täglichen Stuhlgang.
3. Teile man sein Leben ein in Arbeit, Ruhe und Erholung. Wer in seinem Beruf körperlich zu arbeiten hat, suche seine Erholung in geistiger Beschäftigung, wer geistig zu arbeiten hat, dagegen mehr in Körperübungen. Auf diese Weise wird Körper und Geist gleichmäßig geübt und gekräftigt.
4. Sorge man für große Regelmäßigkeit in der Lebensführung. ‚Früh nieder und früh auf, verlängert den Lebenslauf,' sagt schon ein altes Sprichwort. Außerdem zur bestimmten Zeit die Mahlzeiten einnehmen, bestimmte Stunden zur Arbeit, sowie zur Erholung verwenden.
5. Größte Mäßigkeit in allen Lebensgenüssen beobachten. Die Kost sei einfach, reizlos und dabei nahrhaft. Die Flüssigkeitsaufnahme ist zu beschränken, dafür soll reichlich Gemüse und Obst genossen werden. Die Genussmittel Kaffee, Thee, alle alkoholischen Getränke und Tabak sind am besten fortzulassen oder wenigstens sehr zu beschränken.
6. Endlich soll auch eine rechtzeitig geschlossene Ehe zur Verlängerung des Lebens beitragen."
Die Formulierungen liest man mit Schmunzeln, aber der Inhalt ist noch immer aktuell. Damit wir nicht missverstanden werden: ohne Schulmedizin geht es nicht, da widersprechen wir manchem Gesundheitspapst entschieden. Gerade hat die Pandemie gezeigt, wie wichtig die Schulmedizin ist. Aber es ist zweifelsohne notwendig,

sein Immunsystem mithilfe von Bewegung, richtiger Ernährung und Wasseranwendungen zu stärken.

Wissen ist Macht – nichts wissen macht nichts?

Zum Schluss dieses Kapitels haben wir ein paar Gründe darüber zusammengetragen, weshalb lernen bis ins hohe Alter wichtig ist.

- **Lernen steigert die Leistungsfähigkeit**

Gehirnjogging nennt man es, wenn die „grauen" Zellen gefüttert werden. Gerade in unseren Zeiten, wo der Beginn des Seniorenalters nicht gleichzeitig Gebrechlichkeit und Vergänglichkeit bedeutet, darf Ruhestand nicht gleichbedeutend mit (geistigem) Stillstand sein. Lernen, etwas dazu lernen, sich belehren lassen, ist nicht nur wichtige Wissensbereicherung, sondern genauso charakterliche Bildung. Lernbereite Großeltern bleiben fit im „Oberstübchen" und somit lange selbstständig.

- **Großeltern bleiben auf dem Laufenden**

Wer nur redet, um auch was zu sagen, führt Gespräche mit Wendungen wie „ich kannte mal einen" oder „früher, da". Echte Argumente oder aktuelle Einwände löffelt niemand mit der Suppe. Verlässliche Informationen fallen nicht vom Himmel oder werden am Stammtisch vermittelt. Schauen Sie auf die örtlichen Angebote für Seniorenweiterbildung. Jede Kommune oder der örtliche Seniorenrat organisieren Vorträge zu aktuellen Themen oder Hilfsangebote für den Umgang mit PC und Smartphone. Das bringt Großeltern zurück ins Leben und lässt sie auf Augenhöhe mit Kindern und Enkeln debattieren.

- **Großeltern haben neue Themen parat**

Auf diese Weise setzen Sie in Gesprächen die Marken, verweisen auf aktuelle Probleme oder berichten von dem, was Sie neu gelernt haben. Man wird Ihnen zuhören.

- **Sie lernen eine neue Sicht der Dinge kennen**

Manches Wissen ist zeitabhängig. Das wissen Sie selbst am besten. (Wir gehen später noch einmal genauer darauf ein.) Zeitabhängiges Wissen kann rasch zum „alten Hut" werden oder zu „ollen Kamellen", die keinen mehr interessieren und Großeltern schließlich das bittere Gefühl vermitteln, nicht mehr gebraucht zu werden und somit überflüssig zu sein. Deshalb ist es wichtig, sich auf dem Laufenden zu halten und die neue Sicht der Dinge zu erkunden. Man bringt schon lange keine Filme mehr zum Fotografen, damit der sie entwickelt, aber wie funktioniert das mit dieser Speicherkarte in der Kamera? Wie können fotografierte Bilder ausgewählt, verbessert oder ausgedruckt werden? Wer sich schlau gemacht hat, wird es wissen und kann es sogar seinen Kindern oder Enkeln erklären.

- **Sie haben ein Ziel**

Daheim seine Zeit vor dem Fernseher zu verbringen ist keine Weiterbildung. Großeltern, die sich weiterbilden, haben Ziele und Termine, sie haben etwas vor! Ihr Kalender füllt sich wieder. Haben Sie eine Weiterbildung absolviert, wollen Sie bestimmt eine Fortsetzung. Lernen kann man nie genug.

- **Sie bilden sich eine eigene Meinung**

Sie erarbeiten sich auf diese Weise einen Standpunkt zu unterschiedlichen Themen und wissen folglich genau, warum Sie beim einen dafür sind und beim andern dagegen. Sie trotten nicht mit in einer Masse, die sich aufpeitschen lässt mit Schlagworten, sondern haben Argumente. Das ist wichtig für Sie und Ihre Enkel. Großeltern, die wissen, was sie wollen und warum sie etwas wollen, sind eine große Stütze für die Enkelgeneration.

- **Sie bilden sich aus persönlichen, nicht aus beruflichen Interessen weiter**

Prüfungs- und Versagensängste liegen längst hinter Ihnen. Ihre Teilnahme ist freiwillig. Niemand zwingt Sie, sich mit Computern, Digitalisierung, der Klimaproblematik oder anderem zu beschäftigen. Sie haben sich aus freien Stücken für dieses oder jenes Thema entschieden. Wer niemandem was beweisen, sich keiner Bewertung aussetzen muss, kann das Ganze völlig entspannt angehen. Das erhöht die Freude an solchen Weiterbildungen enorm.

- **Sie „dürfen", aber Sie „müssen" nicht**

Noch einmal: Niemand zwingt Sie zur Fortbildung. Es ist Ihre freiwillige Entscheidung. Dabei garantieren wir Ihnen Spaß und Freude, was den Lerneffekt total erhöht.

- **Sie gehen Ihren eigenen Interessen nach**

Neue Herausforderungen meistern sich leichter, wenn es um eigene Interessen geht. Was interessiert, wird besser aufgenommen als Uninteressantes. Darum macht Bildung im Seniorenalter so viel Freude: Sie beschäftigen sich mit dem, was Ihnen gefällt.

- **Sie verlieren den Anschluss nicht**

„Nichts mehr wert sein" oder „nicht mehr mitreden zu können", „in ein tiefes Loch zu fallen", „vor einer Leere zu stehen" – all das kennen Großeltern, die sich weiterbilden und lernbereit sind, nicht. Sie engagieren sich ehrenamtlich, übernehmen Patenschaften, helfen und sind weiterhin mittendrin im Leben. Dadurch füllen Sie Ihren „Zufriedenheitstank", haben Sinn und Zukunft und verlieren den Anschluss nicht.

- **Sie können mitreden**

Wer weiter lernt, kann mitreden. Wer sich bildet, bleibt auf dem Laufenden. Was bedeutet menschengemachter Klimawandel, was

Generationengerechtigkeit, wie unterscheidet man Fake-Mails von einer richtigen E-Mail, wie wird ein Handy-Video gedreht? Neueste Handarbeitstechniken, vegetarische oder vegane Küche übers Internet, die Volkshochschule oder den Generationentreff. Sie lernen nachzufragen, nicht mit dem wehleidigen Unterton, dass man ja heutzutage überhaupt nicht mehr mitkäme, sondern echt interessiert. Erzähl mir von dir, ich erzähl dir von mir – ob mit Enkeln, Kindern, Verwandten oder Freunden – das ist echte Kommunikation.

- **Sie erweitern Ihren Kreis**

„Netzwerken" nennt man das heutzutage, wenn jemand über verschiedene Verbindungen verfügt. Nachdem sich Ihr beruflicher Kreis geschlossen hat, können Sie einen neuen Kreis aufzumachen, indem Sie mit Gleichgesinnten zusammentreffen und gemeinsam Ihren Horizont erweitern. Dabei spielen Ihre Neigungen und Hobbys eine entscheidende Rolle. Wandern, Radfahren, am Computer basteln, lesen und sich darüber austauschen – es gibt unendlich viele Möglichkeiten. Wenn nichts für Sie dabei ist, gründen Sie selbst so einen Kreis, eine Arbeitsgruppe oder veranstalten Sie Treffen. Damit beugen Sie Ihrer Vereinsamung vor oder der Gefahr, sich an Kinder und Enkel zu klammern.

- **Wissen macht glücklich**

Wer lernt und ein Ziel hat, findet Sinn, wird zufrieden und sogar glücklich, trotz mancher Alterswehwehchen, ein wichtiger Aspekt und gewichtiges Argument für eine Fortbildung im Seniorenalter, das stärkste Argument für lebenslanges Lernen.

- **Großeltern und Ihre Persönlichkeitsentwicklung**

Wer lernt, ist beschäftigt und hat weder Zeit noch es nötig, sich ständig in den Mittelpunkt zu spielen. Denn das eigene Selbstwertgefühl wird im Alter weiter gefüttert. Wer lernt, hat es nicht nötig, mit altbackenem Wissen aus zurückliegenden Berufsjahren (Wissen kann schnell veralten) aufzutrumpfen, sondern schöpft aus Aktuellem. Früher Erlerntes und aktuelles Wissen verknüpfen sich, was Ihrer Autorität einen Schub gibt. Wer lernt, bleibt geistig fit. Solche Menschen lassen sich nicht bevormunden, sondern entscheiden selbst. Damit tragen Sie zu Ihrer Selbstständigkeit bis ins hohe Alter bei.

▪ Sie bleiben flexibel

Schon die Entscheidung, sich weiter zu bilden, ist eine persönliche Veränderung: sich auf Lehrstoff einstellen, auf Lehrkräfte und die Teilnehmer. Sich an den Ort der Fortbildung begeben. Solche Großeltern bleiben flexibel, reagieren nicht allergisch auf Veränderungen und lernen gerne neue Leute kennen. Sie bleiben offen für Überraschungen, jugendlich in Ihrem Denken und Handeln. Diese Großeltern werden nicht beiseitegeschoben, sondern sind stets willkommen.

DRITTENS: WISSEN AUS ERFAHRUNGEN UND ERFAHRUNGSSCHATZ

Unser Wissensquell früher: Was die Erwachsenen sagten, war Gesetz

Wenn uns Kinder früher Erwachsene, auch unbekannte Erwachsene, zur Ordnung riefen, hatten wir zu folgen. Das war Gesetz. Wenn uns ein fremder Erwachsener am Hemdkragen zu unseren Eltern schleppte, weil wir frech gewesen waren, hatten wir uns zu entschuldigen. Erwachsene schienen damals Übermenschen mit weitreichenden Kompetenzen zu sein, weshalb wir Kinder schnell erwachsen werden wollten.

Wenn also Eltern, Lehrer, Nachrichtensprecher, Pfarrer oder sonst wer von den „Segnungen" der Moderne, wie Erdöl, Erdgas und Plastik sprachen, haben wir das kritiklos geschluckt, wissenschafts- und fortschrittsgläubig hingenommen und fanden es grandios.

Wissensdrang aufgrund von Zweifeln

Diese Gläubigkeit durchbrachen die sogenannten „68er", als sie die Aus- und Ansagen ihrer Elterngeneration hinterfragten. Was zunächst despektierlich, dann aber umstürzlerisch schien und tiefste Empörung auslöste. Mit seinen Eltern kontrovers zu diskutieren war ein Sakrileg. Klare Ansage (oder sagen wir lieber: Befehl) und widerspruchsloses Befolgen waren gängige Erziehungspraxis. Eltern schienen unantastbar und fehlerlos. Uneinsichtigkeit und Unbelehrbarkeit verfestigten sich so mit zunehmendem Alter. Kinder dagegen hatten stets ihre Fehler zu bereuen und Besserung zu geloben. Das ist heute ganz anders. Wir wollen uns hier nicht darüber auslassen, dass es zur anderen Seite übertrieben wird, davon haben wir in unseren anderen Publikationen zur Genüge geschrieben.

Aber wir wollen einmal die positive Seite des Ganzen ins Blickfeld nehmen: Eltern, denen bewusst ist, dass sie nicht alles richtig machen und die dafür Verantwortung übernehmen. Die nicht nur verbieten, sondern begründen, die zu Kompromissen bereit sind. Eltern, mit denen Jugendliche und Kinder über alles reden können und die sogar belehrbar sind. Eltern, die bereit sind, ihre eigenen Erfahrungen zu korrigieren. Mit anderen Worten, lernbereite, lernfähige Eltern.

Dem müssen wir Großeltern uns anschließen, weil wir sonst den Anschluss verlieren. Deshalb ist wichtig, dass Großeltern ihre eigenen Erfahrungen nach brauchbar und unbrauchbar „sortieren".
Noch immer stimmt: Nichtschwimmer sollten nicht im tiefen Gewässer baden. Falsch ist, wer zu lange am Telefon hängt, könnte am Ende eine hohe Rechnung bekommen. Dank Flatrate ist dem nicht mehr so, im Gegenteil, je länger wir telefonieren, desto besser schöpfen wir den finanziellen Rahmen aus. Lebenswissen ist eben keine statische Größe, sondern stets neu zu bewerten.

Lebensziele früher und heute

Jede Generation hat ihre Lebensziele. Das Lebensziel unserer Großmütter, auch noch mancher Mütter, war, rechtzeitig unter die Haube zu kommen. Was die heutige Enkelgeneration kopfschüttelnd zur Kenntnis nimmt. Beizeiten wurde die Aussteuer, bestehend aus Bettwäsche, Tischwäsche und anderem, zusammengetragen. Mädchen lernten kochen, backen, stricken, sticken, nähen. Sie gingen auf Haushalts- oder Bräuteschulen. Ihr Lebensziel war, ihren Ehemann glücklich und zufrieden zu machen.

Inzwischen kochen vielfach die Männer und ist es völlig egal, ob das Paar verheiratet ist, hetero oder gleichgeschlechtlich zusammenlebt und Kinder hat, die die leiblichen sind. „Patchworkfamilien" sind inzwischen an der Tagesordnung. Für die Haushaltsausstattung genügt der Besuch in einem schwedischen Möbelhaus. Was sonst noch fehlt, bringt ein weltweiter Versandhändler.

Junge Menschen denken anders als wir. Damasttischdecke – nicht nötig, denn von blanken Tischen zu essen ist Trend. Omas Goldrandservice steht nutzlos in der Ecke, bevorzugt wird das praktische Geschirr, weil spülmaschinentauglich, billig und jederzeit je nach Trend austauschbar. Moderne Küchen sind Hightechzentren, für alles gibt es eine Maschine. Beim Kuchenbacken erklärt die sanfte Stimme Schritt für Schritt, wie viel und wie lange eine Zutat eingerührt wird. Duschen sind Wohlfühloasen und Kleiderschränke begehbar. Was protzig klingt, ist genau genommen minimalistisch und für uns Ältere etwas gewöhnungsbedürftig.

Junge Leute fragen inzwischen bei Anschaffungen, ob sie nachhaltig sind, nachhaltig hergestellt wurden und das Material klimaneutral ist.
Materielle Sicherheit zu schaffen war bisher oberste Priorität fürsorglich und weiterdenkender Eltern. Ihnen lag daran, den Nachkommen ein Haus zu bauen, ein Sparkonto anzulegen oder eine Firma zu hinterlassen. Der Focus heutiger Generationen ist globaler und auf einen lebenswerten Planeten ausgerichtet. Ihre Achtsamkeit gilt der Natur, ihre Sorge dem Klima und der Umwelt.

Die Großelterngeneration hat die Globalisierung losgetreten, die Enkelgeneration praktiziert sie in rechter Weise. Um nachzuziehen ist es wichtig, das großelterliche Sicherheitsdenken über den sogenannten „Gartenzaun" hinaus zu erweitern, weil alle Erdenbewohner ein Recht auf eine sichere, klimafreundliche Welt haben. Die Enkel leben es uns vor.

Erfahrungs- und Handlungswissen
„Aus Schaden wird man klug", sagt der Volksmund. „Erfahrung" könnte man sagen.

Großeltern handeln aus Erfahrung, wenn sie ihren Enkeln bei Frost Mütze und Schal aufdrängen: beides schützt vor Erkältung. Jahrhunderte alte Erfahrung besagt: Kälteempfindliche Pflanzen können erst nach den sogenannten „Eisheiligen" ins Freie. Als wir Großeltern noch Kinder waren, wurde Milch besonders im Sommer schnell sauer, weil es noch keine Kühlschränke gab. Unsere Großmutter goss daher abgekochte, übrige Milch in Schälchen, woraus Dickmilch wurde. Mit einer dicken Schicht Zucker bestreut, für uns Kinder ein Genuss. Mit H-Milch funktioniert das nicht, diese Erfahrung machten wir erst später. Großeltern kennen den Schmerz, wenn ein Hammer auf die Finger trifft und wissen, warum Kreissägen nichts für Kinderhände sind und sich in der Badewanne elektrisch zu rasieren, gefährlich ist. Vor solchen Folgen möchten Großeltern die Enkelgeneration gerne bewahren.

Weil Großeltern wissen, wie gemein es nach einem Hammerschlag unter dem Daumennagel pocht, werden sofort Maßnahmen ergriffen. Kühlen und trösten. Sie werden dem Enkelkind erklären, dass sich der blau gewordene Daumennagel eventuell ablösen wird, aber ganz bestimmt wieder nachwächst.

Treiben solche Erfahrungen zum Handeln an, nennen wir das Handlungswissen. Ins Gedächtnis eingebrannte Schmerzerfahrung treibt Großeltern zum Handeln: das Kühlpack aus dem Gefrierschrank holen oder Eiswürfel, Kakao kochen und ganz viel Kuschelnähe geben.

Heutige Großeltern verfügen über ein Konglomerat alter, überlieferter und selbst gemachter Erfahrungen. Daran in rechter Weise die Enkelgeneration teilhaben zu lassen, ist Lebensweisheit.
Neu hinzu kommt die allgemeine Erfahrung, dass sich das Klima in unseren Breiten verändert: Starkregenereignisse betreffen Europa genauso wie Dürren. Es siedeln sich Pflanzen an, die ursprünglich hier gar nicht beheimatet sind. Insekten, die Krankheiten übertragen, dringen immer massiver in unsere Klimazone vor.

Können Sie erklären, wie es zusammenhängt: Klimawandel und Starkregenereignisse? Könnten Sie Ihren Enkeln detailliert begründen, warum es schädlich ist, sich ständig mittels Kopfhörer Krach auf die Ohren zu geben? Großeltern wissen, dass es unklug ist, sich bei Gewitter im Freien aufzuhalten, aber warum? Wie genau entsteht überhaupt ein Gewitter?

Dieses theoretische Erklärwissen nennt sich auch Faktenwissen, aus dem Internet oder der Enzyklopädie im Bücherschrank abrufbar. Meistens wird es gebraucht, um Kreuzworträtsel zu lösen oder an einem Quiz teilzunehmen. Falls Sie manches genauer interessiert, beispielsweise, warum Zahnpasta zweifarbig aus der Tube kommt, fragen Sie die „Maus". Die „Sendung mit der Maus" ist nicht nur was für Kinder, sie bildet Zuschauer jeden Alters. Hier wird theoretisches Wissen praktisch erklärt, anhand anschaulicher Beispiele.

Wir Großeltern geben meistens Erfahrungswissen und Handlungswissen an die Enkelgeneration weiter: Opa, der schweigend an seiner Hobelbank hantiert, wobei der Enkel sich manches abschauen kann. Oma, die im Beisein und mit Hilfe der Enkelin Kartoffelsalat zubereitet und manchen Küchentrick zeigt. (Das kann natürlich auch umgekehrt gelten: heute hantieren auch Mädchen an der Hobelbank und Jungen helfen in der Küche.) Solches Wissen wird nicht in Worte, Formeln oder Definitionen gepackt.

Der erfahrene Pannenhelfer hat aufgrund seines Handlungswissens immer auch einen Kanister Kraftstoff dabei. Oft hat zu tanken vergessen, wer den Gelben Engel herbei ruft.
Das zu Erfahrungswissen gewordene Handlungswissen, das Großeltern zu ihrer großelterlichen Aufgabe befähigt, erweist sich im Berufsleben häufig als Hemmschuh. Jemand, der ausschließlich von seinem Erfahrungs- und Handlungswissen zehrt, arbeitet vergangenheitsorientiert und ist sich sicher: was früher galt, gilt auch heute. Was sein Vater ihm beibrachte kann doch nicht verkehrt gewesen

sein. Aber nicht jeder, der am Standstreifen ein Warndreieck aufstellt, hat zu tanken vergessen. Auch die berühmte Ölkanne, vor Jahrzehnten das „Allheilmittel" bei Motorstottern, hat inzwischen ausgedient.

Wer sich gegen neue Erkenntnisse sperrt, wird bald jüngeren Kollegen, die lernwillig sind, Platz machen müssen. Auch wenn die ein Auto erstmal durchchecken, bevor sie darauf kommen, dass der Tank leer ist.

Erfahrungswissen aus anderen Quellen

Manche Erfahrung wird weitergegeben, als hätte man sie selbst gemacht. Beispielsweise, dass nachts in der Stadt Gefahren lauern. Je größer die Stadt, desto gefährlicher. „Tatort", „Polizeiruf" und andere Krimis scheinen es zu bestätigen. Mit Einbruch der Dunkelheit, so die allgemeine Ängstlichkeit, steigt die Bedrohung auf unseren Straßen. Deshalb mahnen wir Kinder und Enkel, wenn sie abends ausgehen: Komm nicht so spät heim! Geh an dein Handy, wenn wir dich anrufen! Sag uns, wo du bist!

Oma wird ermahnt, nur wenig Bargeld bei sich zu tragen, wenn sie mit der U-Bahn fährt, man hört schließlich immer wieder von Handtaschendieben. Vater kauft sich noch zwei unknackbare Fahrradschlösser. In der Zeitung stand, Fahrraddiebstähle nehmen zu. Omas und Opas wird eingeschärft, nicht jeder Anrufer ist der eigene Enkel und in Gefahr, weshalb sie nicht gleich zur Sparkasse fahren und ihr Geld abheben müssen. Alle genannten Beispiele sind für die meisten nur dramatische Geschichten aus den Medien, die sie nicht selbst erleben mussten. (Wir verharmlosen hier nicht, dass die Kriminalität ein ernstes Problem geworden ist, dennoch bleiben glücklicherweise viele, auch Senioren, verschont.) Beim Weitererzählen entsteht aber der Eindruck, der Erzähler sei dabei gewesen.

Eine andere Wissensquelle sind unsere Vorfahren. Was sie uns weiterreichten, hat sich in uns festgesetzt und verfestigt. Frei nach dem Motto: das war so, das ist so, das bleibt so.

Die internetaffinen Enkel aber werden sie eines Besseren belehren, wenn Großeltern ihnen einzuschärfen versuchen, Pilze keinesfalls wieder aufzuwärmen, was zu Zeiten ohne Kühlschränke ein durchaus sinnvoller Ratschlag war, der sich aber inzwischen überholt hat. Oder beim Obstessen kein Wasser zu trinken. Auch die Sache mit dem Spinat. Inzwischen ist es Allgemeinwissen, Spinat enthält nicht überdurchschnittlich viel Eisen. Sicher könnten Sie die Reihe solcher Mythen fortsetzen. Darum ist es immer angeraten, sein persönliches Erfahrungswissen zu überprüfen. Lassen Sie sich dabei nicht von Zeitgenossen verwirren, die ohne Belege zu liefern bzw. auf falschen Fakten basierend, gängiges Wissen auszuhebeln versuchen. Wir kommen darauf später noch einmal zurück.

Persönliche Erfahrungen und persönliches Wissen

Erfahrung ist die Quintessenz, aus Erlebtem und eigenem Wissen gezogen. Die jungen Frauen auf High Heels nötigen Ihnen ein Kopfschütteln ab. „Ich könnte auf solchen Absätzen nie laufen", ist *Ihre* Erfahrung. Die jungen Damen könnten entgegnen: „*Wir* könnten nicht mit flachen Schuhen laufen." Jede Seite beharrt auf der eigenen Erfahrung und verhält sich entsprechend.

Manchmal werden Erfahrungen auch unzulässig verallgemeinert. Weil ein Versicherungsmakler Ihnen einmal etwas Unpassendes aufgeschwatzt hat, beschimpfen Sie gleich die gesamte Branche. Weil ein Lehrer den Enkeln eine unpassende Beurteilung gab, taugt Ihrer Ansicht nach das gesamte Schulsystem nichts. (Das ist natürlich übertrieben.) Aber ähnlich verfahren viele, was den Erfahrungsschatz angeht: aus nur einem Erlebnis unzulässig zu verallgemeinern. Oder sollen wir lieber sagen: aus der Mücke einen Elefanten machen?

Bevor wir aus unseren zurückliegenden Erlebnissen ein für die Allgemeinheit gültiges Resümee ziehen, wäre es gut, zu hinterfragen.

Nehmen wir als Beispiel die Diskussion: Flaschennahrung oder Stillen? Als wir Großmütter Kinder bekamen, waren das ganz heiße Eisen. Die Vorteile der Flaschennahrung liegen auf der Hand: Flaschennahrung macht Mütter unabhängig. Die Mutter kann gleich wieder in ihren Beruf zurückkehren. Flaschennahrung ist schnell angerührt und in ausreichender Menge vorhanden. Flasche geben können auch Großmütter und sogar Großväter. Befürworter dieser Ernährungsweise werden noch einiges zu ergänzen wissen.

Die Vorteile des Stillens liegen wiederum auch auf der Hand: In Muttermilch ist alles enthalten, was Babys benötigen, Muttermilch schützt vor Verstopfungen, Muttermilch kann überall und zu jeder Zeit verabreicht werden, sofern Mutter und Kind nicht getrennt sind. Etwas Besseres kann man Babys nicht geben. Jede Großmutter beruft sich hierin auf ihre persönliche Erfahrung.

„Gib dem mal ordentlich eins hinter die Ohren, dann wirst du schon sehen, wie er spurt!" Dieser Rat stammt aus der Kindererziehung von vor zig Jahrzehnten. Was heute ein Straftatbestand ist, war damals gängige Praxis. Trafen uns Prügel mal ungerechterweise, kamen Sprüche wie: „Das ist für die Male, wo du keine gefangen hast!" Oder: „Schade um jeden Schlag, der daneben ging!" Aus solchen Erfahrungen den Schluss zu ziehen: Gewalttätige Erziehung ist legitim, hat sie uns (angeblich) nicht geschadet, wird sie unsern Kindern und Enkeln auch nicht schaden, wäre fatal!

Als Waschmaschinen und Trockner noch selten waren, fürchtete jede Hausfrau für ihren Waschtag Regenwetter. Wie sollte die Wäsche dann trocknen? Sie war nicht geschleudert, nur ausgewrungen und hing tropfend auf der Leine. Viele von uns kennen die damals sinnvolle Einrichtung von Trockenböden unterm Dach. Heute ist jedermann und jedefrau unabhängig von Regen oder Schnee, Wetterkapriolen aller Art, denn es gibt Wäschetrockner. Unsere Wäsche ist innerhalb kürzester Zeit wieder schrankfertig und aus Trockenböden wurden exklusive Dachgeschosswohnungen.

Großelterliches Wissen als Angebot, nicht als non plus ultra

Wenn manches Wissen zeitlich begrenzt ist, sind es damit einhergehende Erfahrungen ebenfalls. Wir waren Kinder unserer Zeit, genauso wie unsere Kinder und Enkel Kinder ihrer Zeit sind.

- **„Wir sind auch ohne Handy ausgekommen"**

Was es nicht gibt, was man nicht hat, wovon man nichts weiß – wird man schwerlich vermissen. Vor zweihundert Jahren vertrieb man sich die Sonntage oder Abendstunden auf andere Weise. Bewegliche Bilder, Filme genannt, gab es nicht, und niemand hat sie zu Goethes Zeiten vermisst.

Aber viele von uns sind schon in jungen Jahren nicht ohne Auto ausgekommen, ohne Flugreise oder die bunten Klamotten aus der chemischen Industrie. Zu unserer Zeit gab es ja noch nicht mal Telefonkarten, aber sogenannte Telefonuhren, womit jedes Ferngespräch akribisch nach Zeiteinheiten abgerechnet wurde.

- **Wir Großeltern glaubten zu wissen**

Vorsicht ist geboten bei Vergleichen. Meistens enden Vergleiche ausgesprochen oder unausgesprochen in dem Mantra: „Früher war alles besser!", was ja nicht stimmt. Früher war manches bzw. vieles anders, manches empfinden wir als besser – wieder so ein Erfahrungswert – aber unser Empfinden darf nicht zum allgemein gültigen Maßstab werden.

Anstatt zu vergleichen oder Neuerungen geringschätzig abzutun, lassen Sie sich doch helfen!

Gerade jugendliche Enkel werden es sich nicht nehmen lassen, ihren Großeltern bei der Anschaffung digitaler Geräte zu helfen. Die werden schon aufpassen, dass Sie kein übereifriger Verkäufer über den Tisch zieht, weil er sich von solchen „digital unbeleckten" Senioren einen großen Bonus erhofft, indem er ihnen allerlei unnützen Schnickschnack gleich mit dazu aufschwatzt. Ihre Enkel wissen genau, was Sie brauchen und sind oft besser informiert als der übereifrige Verkäufer. Deshalb: versuchen Sie, sich in angemessener Form mitnehmen zu lassen in die neue, digitale Welt. Wir versprechen Ihnen, wenn Sie erstmal drin sind, werden Sie die Vorzüge schnell begreifen und lieben lernen. Gerade jetzt in pandemischen Zeiten finden viele Veranstaltungen per Zoom oder auf ähnliche Weise statt. Sich anmelden, einen Zugangscode eingeben und schon ist man dabei und lernt Menschen kennen, mit denen man sich bei entsprechenden Präsenzveranstaltungen kaum unterhalten hätte. Jetzt dürfen Sie zu Ihren Enkeln sagen: „Wenn es das früher gegeben hätte ..."

Unsere Großmutter hat in ihrer Kindheit Hunger gelitten und musste später hart arbeiten, um eine ansehnliche Kinderschar durchzubringen. Deshalb war weggeworfenes Brot ein Sakrileg für sie. „Ihr werdet es nochmal suchen", klang in unseren Ohren wie eine Verwünschung, dabei war es nur Ausdruck ihrer Angst, nochmals Hunger leiden zu müssen. Auch sie hat verglichen. Die Zeit, in der ihre Enkel, nämlich wir, aufwuchsen, mit ihrer. Dass sie bei der aufkommenden Minimode unwirsch aus dem Häuschen geriet, sei hier nur am Rande erwähnt.

„Früher war mehr Lametta", ein geflügelter Spruch aus dem Loriot-Sketch „Weihnachten bei Hoppenstedts", besagt, dass früher vieles grundlegend anders gehandhabt wurde. Auch wir haben früher Weihnachtsbäume über und über mit Lamettafäden, die damals aus bleihaltigem Stanniol gefertigt wurden, behängt. Das sah glitzerig aus, die echten Kerzenflammen reflektierten wunderbar.

- **Großeltern wissen, wie man früher lebte**

„Fleisch ist ein Stück Lebenskraft" lautete Anfang der Siebziger ein Werbeslogan. Damals aß man sonntags den „Sonntagsbraten" mit Rotkraut und Kartoffeln, Klößen, Spätzle oder anderen Beilagen. Das Sonntagsessen war ein Familienereignis. Das gute Geschirr kam auf den Tisch, Mutter hatte vorher stundenlang in der Küche gestanden. Nach dem Essen wurde ein Spaziergang gemacht, alle in entsprechender „Sonntagsgarderobe", versteht sich.

- **Angebliche Ungehörigkeiten**

Einen Tabubruch beging 1985 Joschka Fischer, erster grüner Minister im hessischen Kabinett, weil er seinen Amtseid in Turnschuhen ablegte. Die ganze Republik geriet in Aufruhr und war sich allgemein einig, dass es mit diesen „Grünen" nicht weit her sein konnte. Denn die „Erfahrung" der Alten besagte, dass jemand, der die Etikette missachtete, nicht tauglich sein konnte für diesen Posten. (Umweltminister hörte sich damals auch exotisch an.) Alle waren wir mit der Regel „das gehört sich so", „das macht man so", aufgewachsen, weshalb die Unruhe verständlich war.

Einen weiteren „Tabubruch" beging Alexis Tsipras, seinerzeit Griechenlands Regierungschef, als er 2015 bei den Vertretern der EU mit offenem Hemdkragen und ohne Krawatte aufschlug. Und das in einer Position, die man getrost als äußerst schlecht bezeichnen darf: Griechenland war hoch verschuldet und drohte Bankrott zu gehen. Tsipras, genauso wie sein Finanzminister Varoufakis, der gerne mal in Bikerklamotten gesichtet wurde, hätten nach Meinung aller gängigen Medien, klug daran getan, sich kleidungsmäßig dem allgemein gültigen Stil anzupassen und auf diese Weise Demut und Unterwürfigkeit zu demonstrieren.

„Das hätte es früher nicht gegeben", werden sich europaweit viele entrüstet haben. Aber die Zeit der Könige ist in den meisten Ländern vorbei, inzwischen hat sich der legere-sportliche Stil so weit durchgesetzt, dass er sogar in berühmten Opernhäusern geduldet wird. Wir finden das, nebenbei gesagt, schade, denn zu einem festlichen Anlass ein festliches Outfit zu tragen, hebt nicht nur die Stimmung, sondern zeigt dem Gastgeber in angemessener Weise Respekt und Freude auf das Ereignis. Weshalb wir uns herausnehmen, bei entsprechenden Einladungen am Schluss zu vermerken: Um festliche Kleidung wird gebeten.

Damit es keine Missverständnisse gibt: auch wir lieben lockere Familienfeste, Garten- und Grillpartys, ausgelassenes Beisammensein in sportlicher Kleidung und entsprechendem Schuhwerk.
„Immerfein ist nimmerfein", sagte damals der Volksmund und wollte betonen, dass zwischen Alltäglichem und Besonderem genau unterschieden werden müsse, weil sonst das Besondere alltäglich wird. Leider scheint es, dass der Trend andersherum geht: es gibt nur noch Alltägliches.

VIERTENS: WISSEN IM SPIEGEL VERSCHIEDENER ZEITEN

Wissen wandelt sich

Wissen wandelt sich. Mal mehr, mal weniger stark. Erkenntnisgewinn ist stets im Fluss. Manches wird ergänzt oder verbessert, wie beispielsweise im technischen Bereich bei Autos, Eisenbahnen, Flugzeugen oder Abläufen in Fabriken – meistens eine begrüßenswerte Wandlung. Gewandelt hat sich auch vieles in der medizinischen Behandlung. Geröntgt wird z. B. nur dosiert, weil ein Zuviel an Röntgenstrahlen ungesund ist. Antibiotika werden heute viel gezielter und sparsamer verabreicht als noch vor einigen Jahrzehnten.

Autobatterien muss kein destilliertes Wasser mehr nachgefüllt werden, Wäsche brauchen wir nicht mehr einzuweichen.

Überhaupt setzt sich das Waschen bei niedrigen Temperaturen immer mehr durch. „Waschküchen" sind inzwischen Mehrzweckräume oder Wasch- und Trockenräume. Früher war in jeder Waschküche ein gemauerter Waschkessel, der befeuert wurde, um die Wäsche auszukochen. Umgerührt wurde alles mit einem sogenannten „Wäschestock". Die Hausfrau stand in dichtem Dunst in Gummistiefeln, eine Gummischürze umgebunden, einen Wäschestampfer in Händen. So ein Wäschestampfer galt als technischer Fortschritt, musste doch die Wäsche nicht mehr aufs Waschbrett gelegt und von Hand durchgerubbelt werden. Der Stampfer schonte die Hände und vor allem die Fingerknöchel der Wäscherin. Das Auswringen der Wäsche dagegen war noch echte Handarbeit und kostete Kraft. Zum Auswringen von Bettwäsche brauchte es eine zweite Person. Man dreht das (heiße) Wäschestück gegeneinander, die heiße Lauge lief über den Fußboden in den Abfluss, weshalb der Aufenthalt in der Waschküche eine nicht ungefährliche, rutschige Angelegenheit war.

Kennen Sie noch „Wäschestützen"? Auch wir besaßen vor vierzig Jahren mehrere. Das waren entweder starke, schmale Latten, oben eingekerbt, oder lange Stöcke, mit einem winklig abstehenden kurzen Stock am oberen Ende. Wozu sie gebraucht wurden? Um die Wäscheleinen abzustützen, an denen die nasse, schwere Wäsche hing. Man „gabelte" die Leine mithilfe der senkrecht aufgestellten Stütze hoch. Wäschewaschen war bis vor wenigen Jahrzehnten echte Schwerstarbeit.

Wissenswandel in der Industrie

„Nicht um einen Namen zu verewigen, welcher so lange währen muss, als die Künste des Friedens blühen werden, sondern um zu zeigen, dass die Menschen es verstehen, jene zu ehren, welche ihre Dankbarkeit am meisten verdienen, haben der König, seine Minister und viele Edelleute sowie andere Bürger des Königreichs dieses Denkmal gesetzt dem James Watt welcher die Kraft eines schöpferischen, in wissenschaftlichen Forschungen früh geübten Geistes auf die Verbesserung der Dampfmaschine wandte, dadurch die Hilfsquellen seines Landes vermehrte, die Kraft des Menschen vergrößerte, und sich zu einer hervorragenden Stellung erhob unter den berühmtesten Männern der Wissenschaft und den wahren Wohltätern der Welt." Diese Worte sind auf seinem Ehrenmal in Westminster Abbey eingraviert. James Watt starb 1819 und liegt bei Birmingham begraben.

Die Dampfmaschine war seinerzeit eine bahnbrechende Erfindung ohne die die industrielle Revolution des 19. Jahrhunderts nicht denkbar gewesen wäre. Die Betreibung einer Dampfmaschine trug immer ein Risiko in sich, nicht wenige Katastrophen verzeichnet die Geschichte aufgrund von Kesselexplosionen, weswegen sich der DÜV, der „Dampfkesselüberwachungsverein", der Vorläufer des heutigen „TÜV" gründete. Aber das wäre eine andere Geschichte.

Zurück zur Dampfmaschine. Wussten Sie, dass heutzutage in Kraftwerken weltweit immer noch das Prinzip der Dampfmaschine bei der Erzeugung von Strom angewendet wird? Durch Dampfkraft wird weltweit die meiste Elektrizität erzeugt. Ob auf der Grundlage von Kohle, Sonnenlicht, Biomasse, Wind oder Kernenergie, alle diese Energieträger werden zur Erzeugung von Dampf für den Antrieb einer Turbine genutzt. Leider hat auch dieses „Ding" zwei Seiten: Auf der einen Seite bekam mit der Erfindung der Dampfmaschine die Industrie einen nie da gewesenen Aufschwung. Zum anderen begann die Verelendung der Arbeiter, die zwölf und sechzehn Stunden für einen Hungerlohn in den Fabriken schufteten, oft zusammen mit ihren minderjährigen Kindern. Menschen zogen vom Land in die Stadt, weil sie sich hier ein besseres Leben erhofften. Bitter mussten sie am eigenen Leib erfahren, dass der mit der Industrialisierung einhergehende Wohlstand nur wenigen vorbehalten war. Die Industrialisierung befeuerte auch den Militarismus enorm. Kanonen statt Brot, und Krieg statt Wohlstand, waren die Folge. Falsch verstandener Nationalismus, Arroganz und Überheblichkeit trugen letztendlich dazu bei, alles in einem Desaster enden zu lassen. Die Erfindungen und besonders James Watt sind dafür nicht verantwortlich zu machen, sondern die, die Missbrauch damit trieben. Das Thema Umwelt oder Umweltschutz kam bei der Industrialisierung nicht zum Tragen, wo doch alles kohlebasiert arbeitete. Aus Bergwerken wurde Steinkohle, das „schwarze Gold", die „schwarzen Diamanten", zutage gefördert oder Braunkohle in riesigen Tagebauen abgebaut. Dampfmaschinen und die Kohle, um sie zu befeuern, waren höchster technischer Standard. Keine Fabrik ohne rauchende Schlote. Was wir heute mit Kopfschütteln zur Kenntnis nehmen, den ungehemmten Abbau von Kohle, den Raubbau an der Natur, Industriegebiete inmitten von Städten, die Arbeitsbedingungen – zu dieser Zeit hinterfragten das nur wenige. Wie man überhaupt wenig hinterfragte. Denn alle höherstehenden Personen, dazu zählten auch

Fabrikbesitzer, waren zu respektieren, ihnen hatte man dankbar zu sein und sie zu ehren. Ausbrecher aus diesem System galten als Aufrührer oder abtrünnig. Und doch gab es fortschrittlich denkende Menschen, denen das Los der Arbeiter nicht egal war. Der Allgemeine Deutsche Arbeiterverein, ein Vorläufer der SPD, gründete sich bereits Mitte des 19. Jahrhunderts. Diesen Menschen verdanken wir viel von dem, was für Arbeitnehmer heutzutage Normalität ist: den Achtstundentag, Urlaub, Tariflohn, Arbeitsschutzbestimmungen usw.

Wissensdrang treibt vorwärts: Die industriellen Revolutionen

- **Industrielle Revolution 1.0**

Mit dem Dampfmaschinenzeitalter, dem 18. Jahrhundert, so sagt man, begann die industrielle Revolution 1.0. Durch die Mechanisierung einzelner Arbeitsschritte waren Maschinen in der Lage ein Vielfaches dessen zu produzieren, was sonst mühsam in Handarbeit hergestellt, viel Zeit brauchte. War bis dahin der Wohnraum des Hauses gleichzeitig Arbeitsraum oder Werkstatt, verlagerte sich die Arbeit nach außerhalb in die Manufaktur oder Fabrik. Vater und Mutter mussten ihr Haus oder die Wohnung verlassen, um an ihren Arbeitsplatz zu gelangen. Ihre Arbeit wurde, wenn auch spärlich, entlohnt. Die Vermarktung der Produkte, wie beispielsweise Stoffe, Töpfe oder Messer, war nicht mehr ihre Aufgabe.

- **Industrielle Revolution 2.0**

Die zweite industrielle Revolution 2.0 verdanken wir der Entdeckung von Elektrizität und Fließbandarbeit im 19. Jahrhundert. Henry Ford übertrug die Idee der Massenproduktion, wie er sie im Schlachthof von Chicago sah, auf die Autofertigung. Im Schlachthof hingen die Schweine an Förderbändern und jeder Arbeiter hatte nur eine Teilaufgabe beim Zerlegen der Tiere. Als Ford dieses Prinzip auf die

Automobilproduktion übertrug, veränderte sich die Effektivität drastisch. Man arbeitete wesentlich schneller und kostengünstiger. Fließbandarbeit wurde bald darauf gängige Praxis.

- **Industrielle Revolution 3.0**

In den 70er Jahren des letzten Jahrhunderts wurde die Technologie der Nutzung von speicherprogrammierbaren Steuerungen und Computern eingeführt, auch Taktstraßen genannt, die dritte industrielle Revolution 3.0. Roboter sind seitdem in der Lage, Arbeitsvorgänge ohne menschliches Zutun auszuführen.

- **Industrielle Revolution 4.0**

Aktuell befinden wir uns inmitten der Umsetzung der vierten industriellen Revolution 4.0. Hierbei geht es um die Anwendung von Informations- und Kommunikationstechnologien in der Industrie. Industrieanlagen, die schon computerbasiert arbeiten, werden durch Netzwerkverbindungen erweitert. Auf diese Weise können sie mit anderen Anlagen kommunizieren und Informationen austauschen. Ziel ist, dass sich die Produktion nahezu selbst steuert, eine „intelligente Fabrik" also. Das wird immer mehr die Zukunft unserer Arbeitswelt, nicht mehr der Vater, der morgens seine Brotdose in die Aktentasche schiebt und auf „Maloche" geht.

Wissenswandel in der Krankenbehandlung

Eduard Bilz, ein Gesundheitspionier des 19. Jahrhunderts, war von Hause aus weder Arzt noch Krankenpfleger, sondern gelernter Weber und später Kolonialwarenhändler.

Bilz machte sich aufgrund persönlicher Erfahrungen eigentlich den Zeitgeist einer ganzheitlichen Gesundheitsvorsorge durch Wasser, Sonne, Luft, Bewegung und Ernährung zunutze. Seine zweibändige Ausgabe der sogenannten „Bilzbücher, Bilz – Das neue Naturheilverfahren", erreichte ein Millionenpublikum. Der Verkaufserlös machte ihn so reich, dass er ein Sanatorium in Radebeul bei Dresden baute, wo sich bald das Who is Who die Klinke in die Hand gab. In Rade-beul gibt es das erste Wellenbad der Welt, das ebenfalls auf Bilz zurückgeht und bis heute betrieben wird. Sein zweibändiges Werk ist genau genommen eine Zusammenstellung von Artikeln und Ver-öffentlichungen namhafter Ärzte und Gesundheitsapostel. Die Ge-setzgebung ahndete noch nicht das, was wir heute Urheberrechts-verletzungen nennen. So hatte er freie Hand, alles, was seiner An-sicht nach richtig war, seinen Gesundheitsbüchern einzuverleiben.

In Band II taucht er ein bisschen in die Vergangenheit ein, wenn er auf Seite 1091 schreibt: „Einen zweiten Fall erzählt uns Professor Dr. Mosler in Greifswald in seiner kleinen Schrift: ‚Über Krankendiätetik' (Greifswald, R. Scharff, 1867) Seite 13: ‚Früher war der Wassergenuß fast allen Kranken verboten; man war von der schädlichen Wirkung so überzeugt, daß man Fieberkranke die ärgsten Qualen des Durstes leiden ließ, ohne daß man es wagte, ihre trockene, brennende Zun-ge mit einem Tropfen Wasser zu benetzen. Zum Glück für die lei-dende Menschheit sind allmählich vernünftige, humane Grundsätze durchgedrungen, seitdem uns die Physiologie gelehrt hat, daß der gesamte Stoffwechsel des menschlichen Körpers in gesunden wie in kranken Tagen nur mit Hilfe reichlich lösender Flüssigkeit vor sich gehen kann. Daher wird neuerdings, mit wenig Ausnahmen, fast allen Kranken der Genuß des Wassers erlaubt – ja es ist die innere und äußere Anwendung des kalten Wassers zu einem der wichtigs-ten Heilmittel erhoben.'"

Was Bilz in seiner Kritik außer Acht ließ: Wasser war seinerzeit verun-reinigt durch Fäkalien und anderes und deshalb kein Lebensmittel. Es war gefährlich, Wasser zu trinken. Allgemein wurde Bier getrun-ken.

Um die eigene These zu untermauern, zitiert Bilz den Begründer der Wasserheilkunde, Sebastian Kneipp: (Bilz II, S. 1475): „Pfarrer Kneipp sagt: ‚Trinke, so oft es dich dürstet, und trinke nie zu viel. Wer vor dem Essen Durst hat, der trinke...'"

Dr. Hans Hoppeler, ein Schweizer Mediziner, der von 1879 bis 1945 lebte, verfasste eine allgemeine Handreichung rund um Gesundheitsthemen unter dem Titel: „Dr. Hoppelers Hausarzt". Er äußert sich zum Trinken während einer Krankheit folgendermaßen: (S. 24) „Was und wieviel darf ein Fiebernder trinken? Wer fiebert, hat Durst! Dies ist begreiflich, denn durch die vermehrten Verbrennungsvorgänge erleidet der Körper starken Wasserverlust. In alter Zeit erlaubte man den Kranken nicht, diesen Verlust zu decken, und verbot ihm das Trinken. Da kroch denn manch einer leise hinter dem Rücken seiner Pflegerin zum Bett hinaus und trank in seiner Verzweiflung, was immer er finden konnte, selbst aus Waschgeschirren oder Blumenvasen (wie es noch heute etwa vorkommt bei notwendigem Trinkverbot nach Darmoperationen). Die neuere Zeit aber ist mit dieser ganz unnötigen Grausamkeit abgefahren und erzielt damit gute Erfahrungen; sie stellt die Regel auf: Ein Fiebernder darf reichlich trinken, und zwar lauwarme oder kühle, aber nicht ganz kalte Getränke."

- **Verbrennungen**

Es war Mitte der sechziger Jahre, als ich zur Behandlung meiner Gesichtshaut unter die Höhensonne einer physiotherapeutischen Praxis gesetzt wurde. Der zeitliche Aufwand für den Hin- und Rückweg stand für mich damals in keinerlei Verhältnis zur kurzen Sitzung. Man setzte mir eine Brille auf, strich eine spezielle Salbe auf mein Gesicht und schaltete die Höhensonne ein – kurz darauf war alles wieder vorbei. Doch an jenem Freitag „durfte" ich unerwartet lange unter der Höhensonne verweilen.

Ich besaß noch keine Armbanduhr, mein Weg führte mich aber an einigen Uhrmachergeschäften vorbei, so dass ich die Zeit unter der Höhensonne auf etwa 15 Minuten schätzte. Auf jeden Fall war es viel zu lange, was ich mir die Nervosität der Physiotherapeutin bewies. Beim Verabschieden schärfte sie mir ein, daheim solle meine Mutter mein Gesicht gleich eincremen. Ja, in den 60er Jahren war man der Meinung, Wasser und Verbrennungen passen nicht zusammen. Hätte mich die Physiotherapeutin vor ein Waschbecken mit kaltem Wasser gesetzt und dafür gesorgt, dass ich mein Gesicht immer wieder eintauche und mir eingeschärft, daheim dasselbe zu tun, wäre wohl nicht passiert, was dann folgte. Am nächsten Morgen war mein Gesicht angeschwollen, rot wie ein Feuerlöscher und schmerzte stark. Im Gegensatz dazu wirkte meine weiße Augenpartie, als würde die Haut gleich zerfallen. Meiner Mutter blieb das Lachen im Halse stecken, obwohl ich aussah wie ein verunglückter Clown. Sie belegte die verbrannten Stellen mit einer dicken Schicht Penatencreme. Erst am Montag konnten wir den Arzt aufsuchen. Sofort wurde die Penatencreme abgeölt und ich bekam eine wohltuende Lotion aufs Gesicht. Auch hier kein Wort von Wasser als erste Hilfe Mittel.

Ein Verwandter wollte sich vor seinem Camping-Urlaub etwas „vorbräunen". Er legte sich dazu vor dem Einschlafen kurz unter die Höhensonne und schlief ein. Als er erwachte, war es sechs Stunden später. Schwere Verbrennungen waren die Folge, der Urlaub abgesagt. Auch ihm hätte sofortige Wasseranwendung das lange Martyrium erspart.

Zwanzig Jahre später, wir waren bereits junge Eltern, hatte es sich endlich herumgesprochen: Erste Hilfe bei Verbrennungen: Wasser. Als das zweijährige Kind von Bekannten sich in einem unbeobachteten Moment eine Kanne frisch gebrühten Tee über den Leib goss, setzte es seine Mutter gleich in eine Wanne mit kaltem Wasser. Unter Wasser zog sie ihm Stück für Stück die Sachen aus. Was sonst als schlimme Verbrennung geendet hätte, musste nicht einmal dem Arzt vorgestellt werden.

Selbst Eduard Bilz hatte schon die Wasserbehandlung von Verbrennungen propagiert. Band II, S. 1483: „Von jener Zeit an also seit einem halben Jahrhundert, bediente ich mich in allen Fällen von Brandwunden immer des reinen Wassers mit bestem Erfolg. Ich habe auch schon viele Ärzte auf die überaus günstigen Kurerfolge aufmerksam gemacht und sie angelegentlichst ersucht, in vorkommenden Fällen Gebrauch davon zu machen; allein nicht einer ist mir bekannt, der meinen Rat befolgt hätte, was um so mehr befremden muss…"

Jener Schweizer Hausarzt, Dr. Hoppeler, empfiehlt um 1927 in seinem Buch zu Behandlung von Verbrennungen: Brandbinden. Wer keine zur Hand hat, sollte nach seiner Empfehlung: (S. 109), Öl, Eiweiß, Kochsalzlösung, Seifenbrei nehmen.

- **Was man damals den Patienten ins Krankenhaus brachte**

Dr. Hoppeler gibt in seinem Buch auch Ratschläge darüber, was Kranke im Krankenhaus benötigen: Blumen und Früchte, kölnisch Wasser, Bonbons oder Pralinen, Ansichtskarten, ein Stereoskop (Guckkasten), eine Mappe für die Korrespondenz, einen Ventilator, der nicht nur kühlen, sondern auch Fliegen fernhalten sollte, ein Bettjäckchen, eine elektrische Nachttischlampe.

- **Frauen nach der Entbindung**

Dr. Hoppelers Rat für das Wochenbett: (S. 660) „Ruhe: Die Frau soll neun bis zehn Tage im Bett liegen und zwar die ersten drei Tage immer auf dem Rücken; Aufsitzen ist gestattet vom achten Tage an, Aufstehen am zehnten Tage."

- **Wie sich alte Menschen fit halten sollten**

Unter dem Stichwort Alters-Hygiene gibt Dr. Hoppeler folgenden Rat: (S. 273) „Sei stolz auf deine Jahre und suche nicht, sie zu verbergen". Im folgenden Artikel wendet er sich gegen das, was wir heute „Jugendwahn" nennen.

Weiter rät er: (S. 273) „Erhalte deinen Geist rege und laß dein Interesse für die Umwelt und die großen Ziele der Menschheit nicht erlahmen!"

▪ Kampf gegen Tuberkulose

Es hat nach dem Zweiten Weltkrieg eine Weile gedauert, bis bei uns in Deutschland die Tuberkulose besiegt war. Nicht zuletzt haben die immer besser werdenden Lebensbedingungen dazu beigetragen.

In Sachen Tuberkulose übte der Mediziner Dr. Hoppeler zu seiner Zeit sogar ein bisschen Sozialkritik. Er nennt als Ursachen der Tuberkulose Folgendes:

(S. 586)

„Söhne und Töchter, welche heiraten, ohne völlig gesund zu sein.

Mütter, die von Ernährung, Pflege und Erziehung des Kindes nichts verstehen.

Väter, deren Verdienst ins Wirtshaus wandert, statt zum Bäcker und Milchmann.

Lehrer, die durch unsinnige Hausaufgaben dem Kinde Sonne und Bewegung rauben.

Wohlbeleibte Herren, deren Arbeiter dumpf wohnen und schmal essen müssen.

Behörden, die Sanatorien bauen, statt Kneipen und Schnapsbrennereien zu schließen.

Das brustkorbumschnürende Korsett, das kräftigende tiefe Atemzüge verhindert.

Halstuch, dickes Leibchen, heiße Zimmerluft und andere Verweichlichungsmittel.

Das geschlossene Fenster, das Stubenhocken, die Angst vor Regen und frischem Wind.

Das ‚flotte feine Leben' mit Likör, Beefsteak und Havanna.

Der moderne Raubbau am Schlaf, an stiller Erholung und Sonntagsruhe.

Die Sünde wider das siebente bezw. sechste Gebot, allein oder zu zweien begangen.

Der moderne Unglaube, der Herzensfrieden und Lebenskräfte zerstört."

- **Grenzen des Wissens: Impfen war zu allen Zeiten ein Reizthema**

Bismarck führte 1874 die Impfpflicht ein, um die Pockenepidemie wirksam zu bekämpfen. Die Pockenepidemie wütete 1870 und 1873 dermaßen, dass sie an die 181.000 Menschen wegraffte, bei 400.000 Erkrankten. Eduard Bilz, in vielem seiner Zeit weit voraus, zeigte sich zunächst als Impfgegner.

Zwischen 1869 und 1874 organisierten sich Impfgegner zwischen Stuttgart, Leipzig und Hamburg gegen die Pockenimpfung. Impfskeptische Petitionen wurden in den Reichstag eingebracht.

Ob Eduard Bilz sich unter das Dach einer organisierten Kampagne begab, wissen wir nicht, aber seine Ansichten zur Pockenimpfung können wir nachlesen: (Band I, ab Seite 596): „Impffreunde und Gegner quälen sich seit Jahren ab, um durch Statistik den Nutzen oder Schaden der Impfung zu beweisen. ... Der menschliche Organismus, dessen Naturheilkraft ist ja bekanntlich, wie uns die Wissenschaft lehrt, fortgesetzt tätig und bestrebt, alle in den Körper eingeführten oder eingedrungenen Schädlichkeiten und Gifte schleunigst wieder auszuscheiden oder abzukapseln, sie also für den Körper wirkungslos, unschädlich zu machen. Dasselbe ist nun auch mit dem Impfgift oder Impfstoff der Fall. ... Die Impfung ist gleich einem Modeartikel, derer die Menschheit leidet zu ihrem eigenen Schaden heute noch so viel preist." Bilz beruft sich eine Seite weiter auf einen geheimen Hofrat Dr. Schürmeyer aus Freiburg und zitiert ihn auf Seite 598: „Ich halte deshalb die Impfung nicht nur für nutzlos, sondern der unvermeidlichen Folgen wegen für gesundheits- und lebensgefährlich.'"

Das hin und her, das Für und Wider, emotionale und aufgeheizte Debatten in Sachen Impfschutz, das alles ist keine einsame Erscheinung gegenwärtiger Zeit.

Nach Einführung der Impfpflicht waren die Deutschen jedoch gesetzlich verpflichtet, sich gegen Pocken impfen zu lassen.

Wer von Ihnen selbst noch gegen Pocken geimpft wurde, kennt es: Diese Impfung wurde nicht gespritzt, sondern mit kleinen, in den Impfstoff getauchten Messerchen, zweimal parallel senkrecht in den linken Oberarm geritzt. Wir waren angewiesen, weiße Baumwollhemden bzw. –blusen zu tragen, damit sich die Impfstelle nicht entzündete. Manche zeigten heftige Impfreaktionen, die einen entwickelten eitrige Pusteln, andere nur Rötungen. Unterschiedlich starke Schmerzen hatten die meisten. Es gehörte unter uns Schülern zu den gemeinsten Fiesigkeiten, jemandem mit der Faust auf die Impfstelle zu dreschen, der Schmerz führte unweigerlich zum Tränenausbruch auch bei den Hartgesottensten.

Dass Eduard Bilz dagegen war, haben wir schon gesagt, weil aber Impfverweigerung aufgrund der Gesetzeslage nicht möglich war, veröffentlichte er in seinem Buch folgenden „Rat" (Bilz I, S. 598): „Wenn je eine zwangsweise Impfung erfolgt ist, so giebt es wohl Mittel, die vergiftende Wirkung derselben aufzuheben; das beste Mittel besteht darin, daß sofort nach der Impfung die Mutter des Kindes oder eine andere Person die Impfstelle mit dem Munde kräftig aussaugt, womöglich, bis Blut zum Vorschein kommt..." An dieser Stelle brechen wir ab und ersparen Ihnen den Rest. Vielleicht beantwortet das ein bisschen die Frage, wie gebildete und lebenserfahrene Menschen manchen Rattenfängern nachlaufen, die ähnlichen Unsinn in Bezug auf andere Impfangebote verbreiten. Der Mensch reagiert manchmal gespalten.

Dagegen liest sich Dr. Hoppelers Stellungnahme zur Pockenimpfung so: (S. 399) „Also: Impfen schadet nicht, aber Impfgegner werden wir trotzdem immer haben! ... Ich rate, sofern nicht eine momentane Gesundheitsstörung vorliegt, sich impfen zu lassen."

Zuvor erklärt er ausführlich, wie der Pockenimpfstoff gewonnen wird und welche Folgen es hatte und hat, wenn Pocken nicht weggeimpft werden würden. Übrigens soll Eduard Bilz später seine ablehnende Haltung der Impfpflicht gegenüber revidiert haben. Es spricht doch für jemanden, wenn er sich ändern kann!

Wissenslücke? Ausgrenzung statt Inklusion – der Umgang mit Menschen mit Behinderung

Anfang des 19. Jahrhunderts kam die Schädellehre, Phrenologie genannt, auf. In der Phrenologie werden menschliche Zustände und Eigenschaften bestimmten Hirnarealen zugeordnet. Damals waren sich Gelehrte sicher, anhand des Gesichtsausdrucks und der Kopfform auf das Innere und die Veranlagung des Menschen ab dem sechsten Lebensjahr schließen zu können. Ein Teilgebiet der Phrenologie ist die Kraniometrie, die Lehre von der Schädelvermessung. Beides diente später als Grundlage für die Rassenideologie der Nazis.

Auch Herr Bilz gehörte zu den Anhängern dieser Theorie und widmet ihr in seinem Ratgeber einige Seiten. Von der Direktrice über Lehrer, Jurist oder Arzt, der „guten" Hausfrau, der Klatschbase bis zum Verbrecher, allen werden eine bestimmte Schädelform und ein bestimmter Gesichtsausdruck zugeordnet: Die Form der Nase, der Augen, die Höhe der Stirn, die Beschaffenheit des Kinns, wurden dafür als ausschlaggebend angesehen.

Heute wird diese Theorie nur noch bei prähistorischen Knochenfunden angewendet, um Erkenntnisse über die evolutionäre Entwicklung der menschlichen Spezies zu gewinnen.

Der Umgang mit Menschen mit Behinderung damals

Früher wurden Menschen mit Behinderung als „Idioten" oder „Krüppel" abgetan. Als ich noch im Sandkasten spielte, saß oft am Rand ein merkwürdiges Mädchen, eine Mischung aus alter Frau und älterem Kind. Sie saß nur da und schaute, sie sprach nicht und tat niemandem etwas. Angezogen wie eine alte Frau, vom Scheitel bis zur Sohle, schien sie uns spielende, tobende Kinder kaum wahrzunehmen. Sie trug immer Strickjacken, wie unsere Omas welche trugen und Röcke in Wadenlänge. Anstatt farbenfroher Sachen, alles seniorenmäßig dunkel und gedeckt. Dazu Sandalen, wie sie alte Frauen an den Füßen hatten. Sie war nicht „richtig im Kopf", das wussten wir und behandelten sie deshalb mit einer gewissen Scheu.

Bereits in der Bibel wird von der Ausgrenzung Kranker und Menschen mit Behinderung aus der Gesellschaft berichtet. Bettelei sicherte ihr Überleben. Die Geschichte vom blinden Bartimäus, der bettelnd im Stadttor sitzt, aber auch die Geschichten von Aussätzigen, die besonders schlimm dran waren, wird in den vier Evangelien berichtet.

Es war damals gängiges Denken: kranke Menschen oder Menschen mit Behinderung und deren Familien galten als von Gott gestraft. Darum sah man keinen Grund, dem Allerhöchsten ins Handwerk zu pfuschen und überließ diese Menschen sich selbst und ihrem Schicksal.
Menschen mit geistiger Behinderung waren und sind immer Opfer von Vorurteilen oder Ignoranz.

Heutzutage unterscheiden Fachleute zwischen Körperbehinderung, Sinnesbehinderung, geistiger Behinderung, Schwerst- und Mehrfachbehinderung, Sprachbehinderung, Lernbehinderung, Verhaltensauffälligkeiten.

Im Altertum sprach man sich dafür aus, „Missgeburten" zu töten, weil sie vom Satan besessen, seelenlos und unnütze Esser seien. Dieses Gedankengut übernahm die Kirche des Mittelalters. Zur Zeit der Aufklärung galten Wahnsinnige nicht mehr als vom Teufel besessen, sondern als irrend in Bezug auf ihre Sinne und Empfindungen.

Mit Einführung der allgemeinen Schulpflicht, Ende des 19. Jahrhunderts, wurden „Hilfsklassen" für minderbegabte Schüler geschaffen, die als „schwachsinnig" und „Halbidioten" galten. Damit sie den Kommunen nicht zur Last fielen, wollte man aus ihnen brauchbare Menschen machen.

Darwin fand, dass es für eine Gesellschaft schädlich sei, wenn sich solche Menschen fortpflanzten. Schon bald pflichteten ihm namhafte Zeitgenossen bei, darunter George Bernard Shaw. Vollendet wurden die Schlussfolgerungen der darwinschen Selektionstheorie dann in erschreckender Weise durch die Nationalsozialisten, die angeblich „unwertes" Leben ausmerzten.

Umgang mit Menschen mit Behinderung heute

Nach dem Zweiten Weltkrieg, ab den 60er Jahren, wurde in Westdeutschland die „Aktion Sorgenkind", heute „Aktion Mensch", ins Leben gerufen, die mit Spendenaufrufen für bessere Bildungsbedingungen von Menschen mit Behinderung an die Öffentlichkeit ging und seitdem zum Wohle betroffener Menschen tätig ist. 1958 wurde die „Bundesvereinigung Lebenshilfe", gegründet. Ein Verein, der sich um Menschen mit Behinderung und deren Familien kümmert.

Währenddessen wurden in der DDR Menschen mit körperlicher und geistiger Behinderung entweder in Pflegeheimen neben alten Menschen untergebracht oder es kümmerten sich Einrichtungen kirchlicher Träger um sie.

Inzwischen gibt es eine UN-Behindertenrechtskonvention, wir haben ein Bundesgleichstellungs- und Teilhabegesetz, das Inklusion gewährleistet. Kinder mit körperlichen oder geistigen Einschränkungen haben das Recht, eine normale Schule zu besuchen mit entsprechender Betreuung.

Mit fortschreitendem Wissen wächst manche Einstellung. Unser Wortschatz hat sich diesbezüglich gewandelt. „Krüppel" oder „Idiot" sind keine medizinischen Fachbegriffe mehr. Familien, in denen eines ihrer Mitglieder nicht voll der „Norm" entspricht, bekommen Förderung und Hilfe.

Wissensvorsprung? Erdöl – Segen und Fluch des modernen Zeitalters

- **Ihres Wissens: Chemie bringt Wohlstand – dachte nicht nur die DDR-Führung**

„Warum ist Erdöl so genial?", fragte unser Erdkundelehrer und gab die Antwort, „weil man aus Erdöl alles machen kann, sogar Butter!" Er lag damit voll auf der Linie des Arbeiter- und Bauernstaates DDR, wo 1958 beschlossen wurde, die chemische Industrie erheblich auszubauen, für „Brot – Wohlstand – Schönheit". Plaste (so wurde Plastik in der DDR genannt) und Kunstfasern würden künftig den Alltag der DDR-Bürger erleichtern und den Lebensstandard erhöhen.

Unsere Mütter waren begeistert, als im Haushaltswarenladen Plastetassen und –teller – zu geringen Preisen versteht sich – das Warensortiment bereicherten. Das Leben wurde farbig und vielfältiger.

Wer von Berlin die A9 Richtung Dessau fährt, kommt kurz vor der Elbbrücke an einem gemauerten massiven Backsteinturm vorbei. Die ursprünglich darauf angebrachte Schrift wurde inzwischen entfernt. Sie lautete: „Plaste und Elaste aus Schkopau". Die DDR-Chemieindustrie entwickelte die synthetische Faser Dederon (abgeleitet von DDR; das Perlon der DDR). Ein Stoff, aus dem Kleider, Schürzen, Bettbezüge, Teppiche und die legendären DDR-Einkaufsbeutel gefertigt wurden. Manche fand das Muster ihrer Bluse als Toilettenumrandung im Haushaltswarenladen, weil derselbe Stoff verarbeitet worden war. Trotz allem, die berufstätigen DDR-Frauen, die ja auch Hausfrauen waren, jubelten: Endlich mussten Gardinen nicht mehr mühsam gestärkt, gespannt und gebügelt werden, sondern wurden nach der Handwäsche feucht an die Gardinenstange angeklammert. Die Schürze war im Nu getrocknet, das Kleid. Vaters Anzug, aus einer Faser, die sich „Präsent 20" nannte, war knitterfrei. Nylonhemden aus Westdeutschland waren der Renner in der DDR. Zwar waren Kunstfaserhemden auch bei uns erhältlich, aber zu stattlichen Preisen. Ein Westbesuch brachte mal einen Koffer voll solcher Nylonhemden, zwar getragen, aber meine Mutter war überglücklich. Auch als sie beim Waschen überall kleine Löcher entdeckte, der Hemdenträger hatte die Nylonhemden offensichtlich beim Schweißen getragen, tat das ihrer Freude keinen Abbruch. Akribisch und kunstvoll stopfte sie Löchlein für Löchlein. Denn der Vorteil überwog: Einfach zu waschen und nicht mehr bügeln müssen.

Es schien sich zu bewahrheiten: Chemie brachte so viele Erleichterungen.

Bis es die ersten merkten und aussprachen: reine Chemiefasern haben schlechte Trageeigenschaften. Man schwitzt, aber die Faser saugt den Schweiß nicht, sie wärmt auch nicht. „Präsent 20" Anzüge zogen Fäden, luden sich elektrostatisch auf. Weichspüler kannten wir damals noch nicht.

Plastebeutel, in die Einkäufe wie Textilien oder Lebensmittel verstaut wurden, gab es anfangs kaum in der DDR. Unser Fisch wurde in Zeitungspapier gewickelt, der Heringssalat in Pergamentpapier, der gekaufte Mantel zu einem handlichen Paket aus großen Bögen

Packpapier geschnürt. Es war damals, in den 60er Jahren, direkt „chic", wenn die Damen, die morgens zur Arbeit gingen, mit ihrer Handtasche noch einen West-Plastebeutel trugen. Darin befanden sich oft das Pausenbrot, Wechselschuhe und Ähnliches. Niemand ahnte, dass genau diese Dinger sich zu einem Fluch für die Weltmeere und ihre Bewohner entwickeln würden.

Als wir Anfang der 2000er Jahre in Kroatien am Strand der Adria saßen und bei stürmischem Wetter gebannt dem Spiel der Wellen zusahen, erlebten wir, wie das adriatische Meer auf einmal zu „kotzen" begann: zwischen den auftürmenden Wellenbergen schien das Meer zentnerweise Plastikabfall herauszuwürgen, aber die Brandung zog alles wieder zurück. Am anderen Tag, das Wetter hatte sich beruhigt, war in der Bucht nichts mehr davon zu merken.

Bald war die DDR wieder am Ende mit ihrem Chemieprogramm, denn sie verfügte selbst nur über wenig Erdöl und war darauf angewiesen, das meiste aus der Sowjetunion zu importieren. Der große „sozialistische Bruder", wie die Sowjets genannt wurden, verkaufte sein Erdöl inzwischen nur noch auf dem Weltmarkt für harte Währung und hängte die Genossen ab.

Notgedrungen wandten die sich erneut der Braunkohlenutzung zu, um die chemische Industrie am Laufen zu halten. Mit verheerenden Umweltfolgen: Fuhr man damals über die Autobahn A9 Richtung Leipzig, so spürte man schon ab Dessau das, was wir Nordlichter die „Dunstglocke" nannten: gelblicher Dunst, wie ein leichter Nebel, mal stärker, mal schwächer.

Das Chemiedreieck Leuna-Buna-Bitterfeld war eine der am meisten belasteten Gegenden Europas. Die Fabrikschornsteine waren so hoch, dass die entwichenen Rußpartikel sogar auf schwedischem Schnee gefunden wurden.

Obwohl Kunstdünger die landwirtschaftlichen Erträge steigerten, hatte die Umstellung auf industrielle Landwirtschaftsproduktion zur

Folge, dass bald die Äcker chemisch überdüngt und belastet waren. Man wusste schon nicht mehr wohin mit der vielen Gülle aus den Ställen der sogenannten „KIM", dem Kombinat Industrielle Mast.

Was damals die Partei- und Staatsführung der DDR beschloss oder anordnete war Gesetz. Alle hatten mitzujubeln, sich dankbar zu erzeigen und den „Fortschritt" zu preisen. Weil wir nun angeblich in der Lage waren, den Kapitalismus zu „besiegen". Dass unsere angebliche „Überlegenheit" nur noch auf tönernen Füßen stand, wurde ausgeklammert. Ende der 1970er Jahre gründeten sich die ersten DDR-Umweltgruppen, die Umweltzerstörungen konkret anprangerten.

Bald war nichts mehr zu retten. Das Land, das so den Fortschrittsglauben gepredigt hatte, war am Ende. Es gab zwar noch Brot und ein bisschen DDR-Wohlstand für die breite Masse, aber von Schönheit konnte schon lange keine Rede mehr sein. Industrielle Innovation funktioniert nicht mit völlig veralteten technischen Ausrüstungen und Maschinen oder durch gnadenlose Ausbeutung der Umwelt.

- **Und in Westdeutschland?**
„Die Firma Kunstoffmeier
legt Kunststoffeier
aus Polyvinylchlorid ...
Herr Meier hat da schon den richtigen Dreh ...
er sagt, die Welt wird schöner durch ... P– V – C!
...
Meine Schwester heißt Polyester,
die lutscht nun schon bald neun Jahre
immer denselben gelben Plastikbonbon ...
Das ist eben Spitzenware!
Ja, meine Schwester,
die Polyester, liebt Po – ly – ä – thy – len ... ha!
...

Wir pflegen unsern Körper
mit Styropor,
mit echtem Polyplast
und Polyamid!"

...

(aus Loriots „Ödipussi", Diogenes Verlag AG Zürich, 1988, Seite 155/156)

Wer den Film „Ödipussi" kennt, hat die Szene gleich vor Augen: Das Ensemble eines Hobbytanzvereins wurde für die Firmenfeier der Firma „Kunststoffmeier" engagiert. Dass bei diesem Auftritt nicht alles glattgeht, ist nicht anders zu erwarten. Aber der Liedtext ist aussagekräftig: „Er sagt, die Welt wird schöner durch PVC." Das war hüben wie drüben allgemeine Annahme. Schöner, moderner, bunter – eine fortschrittliche Welt. Dass sie so nicht zukunftsfähig war, ein paar ahnten es womöglich, noch weniger wussten es und die Verantwortungsträger wollten es nicht wissen.

Dass PVC und PET heute nicht nur Ozeane verschmutzen, sondern auch unsere Bäche und Teiche, dass wir Mikroplastikpartikel nicht mehr aus dem Abwasser bekommen und sie sich inzwischen schon im Trinkwasser befinden, war das zu erwarten? Die „Geister, die wir riefen", sie bleiben an uns kleben und sind kaum noch abzuschütteln. Dass Weichmacher eventuell Auslöser für Krebs und Unfruchtbarkeit sind, alles Erkenntnisse, die erst später kamen, nachdem Plastikspielzeuge schon lange mit Weichmachern wegen der besseren Flexibilität versetzt worden waren.

Wer zum Holzspielzeug griff, handelte nicht unbedingt nicht klüger, denn die wurden mit bleihaltigen Farben bemalt. Mahnende Stimmen wurden Miesmacher genannt. Inzwischen hört man ihnen zu.

- **Nicht gewusst? Wir haben jetzt ein (massives) Problem**

Plastik verrottet nicht, weshalb wir ein Entsorgungsproblem haben, denn vieles ist mehrfach in Plastik verpackt. Deutschland exportiert laut NABU jährlich etwa eine Million Tonnen Plastikmüll, zunächst den Großteil nach China. Inzwischen nimmt China aber keine Kunststoffabfälle mehr. Also steigerte man den Plastikmüllexport nach Malaysia zwischen 2017 und 2020 um 125 Prozent. Doch auch die süd- und südostasiatischen Länder sind inzwischen restriktiver geworden in Sachen Plastikmüll aus Europa. Nun scheint die Türkei in die Bresche zu springen. Zwischen 2017 und 2020 gab es dort eine Steigerungsrate von 600 Prozent.

Entsorgungsbetriebe schossen bei uns wie Pilze aus dem Boden; Recycling ist ein Milliardengeschäft. Wir haben gelernt, fein säuberlich zu trennen: Gelber Sack, Blaue Tonne, Restmüll und mancherorts sogar organische Abfälle. Alles zum Schutze der Umwelt. Auf Einwegflaschen entfällt inzwischen glücklicherweise Pfand, weshalb es sich jeder dreimal überlegt, sie in der Landschaft zu hinterlassen, das wäre ja, als würde man bares Geld wegwerfen.

Freizeitgestaltung: gewusst wie?

Bewusst mal alle Fünfe gerade sein lassen, mal nichts tun, gar nichts. Nur dasitzen, einfach chillen. Die junge Generation hat es schneller begriffen. „Einfach nur so rumsitzen" war während unserer Kindheit ein Sakrileg, ebenso für unsere Eltern, die Urgroßeltern unserer Enkel und alle Generationen davor. Frauen hatten sich mit einer Handarbeit zu beschäftigen. Mein Großvater gönnte sich eine Zigarre und die Zeitung. „Müßiggang ist aller Laster Anfang", lautete die Drohung. Nur sich nicht hängen lassen.

- **Freizeit und Sonntag**

Freizeit im Sinn von „freie" Zeit nach der Arbeit, nicht nur den staatlichen Ruhetag Sonntag, gibt es erst seit etwas über einhundert Jahren. Immer mehr Menschen zog es damals in die Städte, wo es Elektrizität und abends beleuchtete Straßen gab. Die Städte wuchsen rasant, man konnte untertauchen, anonym bleiben, ohne Sozialkontrolle von Lehrer, Pfarrer oder Eltern. Anders als daheim auf dem Dorf. Die Menschen verdienten Geld und trugen es in Kneipen, Kinos oder auf den Rummelplatz. Jetzt war es möglich, ohne weitergehende Verpflichtung miteinander auszugehen. Bibliotheken eröffneten und Sportvereine gründeten sich. Die „Tippse", das Fräulein, das beruflich Schreibmaschine schrieb, leistete sich von ihrem Verdienst den Theaterbesuch oder etwas Schickes zum Anziehen. Lesevereine, Kunstvereine, Musikvereine – für jeden war etwas geboten.

- **Freizeit in der Wohlstandsgesellschaft**

Mit dem Beginn der Wohlstandsgesellschaft und der Mobilität leisteten sich auch einfache Leute Urlaubsreisen.

Es war der Beginn der Reisewellen und kilometerlangen Staus. Man fuhr zum Familienurlaub ins Hotel oder stellte den Wohnwagen auf einen Campingplatz. Zwei, drei Wochen wurde gewandert oder am Strand gefaulenzt. Es entstand die „Tourismusbranche" mit vielen Arbeitsplätzen. Genauso die „Fitnessbranche", Körpertrainingszentren, um Idealmaße zu halten und fit zu bleiben. Freizeitparks bieten Vergnügen für die ganze Familie mit allem, was das Herz begehrt: Kino, Restaurant, Karussells, Achterbahnen, speziellen Beschäftigungen für Kinder jeden Alters.

Man leistet sich „Sabbaticals", längeren Urlaub am Stück, wo man auf Weltreise geht oder die Zeit zur Neuorientierung nutzt.

Handarbeiten sind nicht mehr nur Handarbeiten, sondern „kreativer Zeitvertreib". „Pinterest" und andere Kreativplattformen helfen Gleichgesinnten, sich in Gruppen digital zu verbinden und Anregungen zu holen. Diese Wolle oder jenes Garn, dieser Basteltrend – ein Klick im Internet und schon wird das Gewünschte nach Hause geliefert. Wer sich bei der Freizeitgestaltung nach Trends richtet, wird ganz schön in Anspruch genommen.

Inzwischen hat sich aufgrund eines gewandelten Familienbildes die Urlaubsform verändert. Heute sind Familien auf „Events" aus, sie brauchen „action". Hotels und Gastronomen, die diesen Trend verschlafen, haben das Nachsehen. Viele Standorte mit leerstehenden, ehemals ausgebuchten und traditionsreichen Hotels, durchweht ein tragischer Hauch Vergangenheit.

Hocheffiziente Outdoorkleidung und entsprechende Campingausrüstung lassen junge Menschen gerne auf Hotelcomfort pfeifen und dafür mit dem Rucksack auf Tour gehen.
Junge Menschen brauchen keinen Kellner, sie lieben es minimalistisch, nehmen das gewünschte Menü gleich selber aufs Tablett oder holen sich ihr Essen auf die Faust. Den Familienurlaub, wo Vater, Mutter und Kinder fein im Gänsemarsch zwischen Frühstück und Mittagessen spazieren gingen, gibt es so nicht mehr. So wie es manches andere nicht mehr gibt, wie z. B. zum Abendessen im Hotel in entsprechender Garderobe zu erscheinen. Das Leben hat sich geändert, ob wir wollen oder nicht.

FÜNFTENS: NOSTALGIE: WANN IST SIE GUT, WANN SCHADET SIE?

Nostalgie oder in Erinnerung an früher schwelgen

Weißt du noch? Kennst du noch? – sind Fragen, mit denen wir uns beschäftigen, wenn wir an Vergangenes denken. Ursprünglich wurde Nostalgie zwischen dem Ende des 17. und Anfang des 18. Jahrhunderts, von einem Schweizer Mediziner als Geisteskrankheit dämonischen Ursprungs beschrieben, als krankhaftes Heimweh der Söldner, die in der Fremde ihren Dienst versehen mussten. Erst Anfang des 20. Jahrhunderts wurde Nostalgie als psychische Störung definiert.

Nostalgie heute

Inzwischen hat man herausgefunden, dass Nostalgie meistens positive Gefühle hervorruft. Gegenstände, Gerüche, Mahlzeiten, Lieder, Schlager, Mode und vieles mehr sind solche Auslöser. Von „das kenn' ich noch" bis „war das schön". Dabei geht es gar nicht darum, diese Zeiten zurückhaben zu wollen, sondern um das Bewusstsein: das kenne ich, ich war dabei, ich kann davon berichten. Großeltern werden auf diese Weise Brücke in die Vergangenheit und Zeuge derselben. Es ist etwas anderes, wenn Oma von ihrer ersten Anti-Atom-Demo berichtet, als wenn das Enkelkind einen Dokumentarfilm darüber sieht. Omas Bericht ist dem Enkelkind näher, auch wenn vielleicht nostalgisch etwas verbrämt, aber Oma war selbst dabei, das zählt.

Flucht in Nostalgie aus Angst vor der Gegenwart

Angst oder Unsicherheit können ebenfalls nostalgische Befindlichkeiten hervorrufen. Das pandemische Geschehen dieser Tage ist ein gutes Beispiel dafür. Die Beschränkungen, das Angebot einer Impfung, wie sie bislang niemand kannte, anders als bei Tetanus- und anderen Impfungen, all das kann Angst machen und alte Menschen dazu treiben, sich sehnlichst in frühere Zeiten zurückzuwünschen. Damals, zu unserer Zeit, gab es so etwas nicht. Wir durften tun und lassen was wir wollten, ohne Ausgangsbeschränkungen und Coronabremse, ach, war das schön.

Jetzt ist nicht damals. Jetzt ist jetzt, heute ist heute. Wir leben in diesen Zeiten und sich wegzuträumen oder wegzuphantasieren bringt niemandem etwas. Sehen Sie stattdessen positiv, dass die Wissenschaft inzwischen so weit ist, innerhalb rekordverdächtiger Zeit Impfstoffe auf den Markt zu bringen, die dem pandemischen Geschehen Einhalt gebieten.

Kennen Sie das noch?

Kennen Sie noch Kassetten und Kassettenrekorder? Walkman oder das Tamagotchi? Wir kennen Wäschewaschen mit sogenannten „Halbautomaten", Waschmaschinen, die nicht schleuderten. Nach der Wäsche wurde alles in eine Wäscheschleuder gelegt und gründlich ausgeschleudert. Autos ohne Klimaanlage, Telefone mit Wählscheibe. Kohleintöpfe, wo der Kohl quasi „tot" gekocht war. Wir erinnern uns oft an unsern allerersten Computer, den blauen Bildschirm mit der weißen Schrift. Eine junge Frau, die noch zu DDR-Zeiten nach Westdeutschland übergesiedelt war, bekam trotz des bunten, vielfältigen Lebens im neuen Zuhause nostalgische Gefühle: Sie gäbe sonst was darum, sagte sie, wenn sie noch einmal Himbeeren in Omas Garten naschen könnte. Glücklicherweise war es ihr mit dem Fall der Mauer dann möglich.

Was machen nostalgische Gefühle mit Ihnen?

Wir Autorenpaar bekommen „nostalgische" Gefühle, wenn wir alte DEFA-Filme anschauen.

Die Waschmaschine, das Moped, die Küchenmaschine, die Tischdecke, die Couch und vieles mehr – eigentlich die ganze Filmkulisse – erinnert uns an unser früheres Leben. Da bekommt jemand Kohlen geliefert. Weißt du noch, wie wir Kohlen geschleppt haben? Oder jemand telefoniert. Weißt du noch, wie unmöglich es war, einen Telefonanschluss zu bekommen? Ein Kinderwagen wird durchs Bild geschoben. Schau mal, so einen hatten wir auch.

Das sind keinesfalls Vergangenheitssehnsüchte, sondern eher bewusst festgehaltene Identitätsteile. Das waren wir, da kommen wir her. Und dann aus dem Rückblick: wie weit sind wir doch gekommen. Und schließlich: Dankbarkeit. Dankbar dafür, dass wir nicht mehr in dieser Mangelwirtschaft leben. Dass unsere Kinder und Enkel sich frei entfalten dürfen, ihnen die Welt offen steht, sie als Europäer aufwachsen, sie groß denken dürfen und nicht kleinkariert. All das macht Nostalgie mit uns.
Was macht Nostalgie mit Ihnen?

Selbsttäuschende Erinnerung oder: war früher alles besser?

Wir stellen damit fest: Erinnerungen können so oder so verwendet werden. Jeder hält seine Erinnerungen auf die eine oder andere Weise fest oder verknüpft sie mit entsprechenden Ereignissen. Hätte ich doch ... die Weltreise gemacht ... studiert oder nicht studiert ... einen anderen Beruf ergriffen ... ein Haus gebaut oder kein Haus gebaut ... Gedankenspiele, die jeder kennt. Falls sie zur fixen Idee werden, die untauglich für die Gegenwart macht, ist Vorsicht geboten.

Wir Kinder der Nachkriegszeit hatten zu gehorchen, was auf den Tisch kam, wurde gegessen. Der Teller war stets leer zu essen. Sonntags wurden Sonntagskleider getragen, auch wenn es nicht zur Kirche ging. Die Mädchen knicksten beim Begrüßen, die Jungen dienerten mit gebeugtem Oberkörper, am besten im 90 Grad Winkel. Widerspruch gegen Vater oder Mutter hatte mindestens eine Ohrfeige zur Folge. Eintritt von Vater oder Mutter ins Kinder- oder Jugendzimmer, jederzeit und ohne anzuklopfen. Dagegen war in vielen Familien das Schlafzimmer für die Kinder tabu.

Wenn wir unsern Enkeln davon erzählen, ernten wir Kopfschütteln und Unverständnis. War früher wirklich alles besser?

Lernen Sie zu differenzieren

Wer behauptet, die Zeit, nicht der Moment, wäre besonders schön gewesen, differenziert nicht und wird unglaubwürdig. Pauschales Schwärmen von der „guten, alten Zeit" entwertet persönliches Erleben.

Als Kind hörte ich einen Mann eindringlich und feierlich ernst behaupten, dass wir Kinder und Jugendliche, (es waren die sechziger Jahre) größeren Verlockungen ausgesetzt seien, als er und seine Altersgenossen seinerzeit. Er meinte damit Schlager, Beatmusik und Minimode, vergaß aber, dass er und seinesgleichen ihre Jugend in einem mörderischen Krieg verbracht hatten, wo deutsche Soldaten Gräueltaten verübten und Europa mit Barbarei überzogen. Dieser Mann differenzierte nicht und fand deshalb seine Vergangenheit nicht halb so schlimm wie die Gegenwart, die jungen Menschen etwas Lockerheit und Selbstbestimmung versprach.

Zum Differenzieren gehört auch, mit manchem abschließen zu können. „Früher" war für viele Großeltern eine ereignisreiche Zeit. Eine Wiederholung eins zu eins wäre enttäuschend. Sie sind älter geworden und die Zeit hat sich grundlegend geändert. Befreien Sie sich deshalb von der Illusion, etwas nochmal zu erleben oder zurückzubekommen. Vieles bleibt einmalig und schließlich Erinnerung.

Das Leben besteht aus Abschieden

Üben Sie deshalb, Abschied zu nehmen. Verabschieden Sie sich von falschen Vorstellungen, Ihr weiteres Leben betreffend. Vielleicht spielten Sie früher sehr gut Klavier und trugen sich mit dem Gedanken, Musik zu studieren, wurden aber stattdessen Beamter.

Sie können sich als Rentner gerne einem Musikverein anschließen oder zu Ihrem eigenen Vergnügen musizieren, jedoch wird aus Ihnen wohl kein Pianist mehr, der weltweit Konzerte gibt. Wenn Sie kein Arzt werden konnten oder Unternehmer, versuchen Sie nicht mit Macht, es übers Knie zu brechen.

Verabschieden Sie sich von solchen Träumereien, leben Sie stattdessen einen anderen Traum.
Vieles im Leben werden Sie nie verwirklichen oder können.
Der eine wird niemals Seiltänzer, der andere kein berühmter Forscher. Dafür backt aber der eine fantastisches Brot und zieht der andere in seinem Garten die exotischsten Pflanzen. Einem unerfüllten Traum nostalgisch-wehmütig hinterher zu seufzen bringt nur Stillstand und Unzufriedenheit. Deshalb: beginnen Sie etwas Realistisches.

Unterschiedliche Sichtweisen erst ergeben ein Ganzes

Kennen Sie die Geschichte von den blinden Männern und dem Elefanten? Es waren einmal fünf Weise, die alle blind waren und von ihrem König nach Indien geschickt wurden, um herauszufinden, wie ein Elefant aussieht. Durch Ertasten sollten sie sich ein Bild von dem Tier machen.

Zurück beim König schilderten sie ihre Eindrücke. Der erste Weise hatte den Rüssel des Elefanten betastet und sprach: „Ein Elefant ist wie ein langer Arm."

Der zweite hatte das Ohr des Elefanten ertastet und behauptete: „Nein, ein Elefant ist wie ein großer Fächer."

Der dritte Gelehrte behauptete: „Ein Elefant ist wie eine dicke Säule", weil er ein Bein des Elefanten berührt hatte.

Der vierte meinte: „Ein Elefant ist wie eine kleine Strippe mit ein paar Haaren am Ende", weil er den Schwanz des Elefanten angefasst hatte.

Der fünfte sagte: „Herr König, ein Elefant ist wie eine riesige Masse, mit Rundungen und ein paar Borsten darauf", denn er hatte den Rumpf des Tieres abgetastet.

Da lächelte der König weise: „Nun weiß ich, was ein Elefant ist: Ein Elefant ist ein Tier mit einem Rüssel, der wie ein langer Arm ist, mit Ohren, die wie Fächer sind, mit Beinen, die wie starke Säulen sind, mit einem Schwanz, der einer kleinen Strippe mit ein paar Haaren daran gleicht und mit einem Rumpf, der wie eine große Masse mit Rundungen und ein paar Borsten ist."

Jeder „sah" aus seiner Perspektive einen (Bruch)teil und beschrieb ihn entsprechend. Das große Ganze, das Bild vom ganzen Elefanten, entstand erst, nachdem alle Ansichten miteinander verbunden wurden. Miteinander kann man mehr erfassen und entsprechende Schlussfolgerungen ziehen. Das gilt auch und besonders für Generationen.

SECHSTENS: BESSERWISSEREI

Besserwisser sind schwierige Menschen

Wir sind uns einig: Besserwisser sind schwierige Menschen. Jeder von uns kennt welche, niemand mag sie.

Wir erzählten Bekannten euphorisch, dass endlich die von uns gepflanzten Weinreben ausschlugen und sogar schon erste Trauben zu sehen waren. Wir hatten die Ranken aus einem Unkrauthaufen „gerettet", daheim in Wasser gewurzelt, ein Jahr im Topf gezogen und schließlich gewagt, sie auszupflanzen, nicht wissend, ob das Experiment von Erfolg gekrönt sein würde. Statt einer Anerkennung kam eine wortreiche Belehrung: erst letztens hätten sie sich mit einem Winzer unterhalten, der ihnen erklärt habe, erfolgreicher Weinbau lebe vom gekonnten Zurückschneiden der Ranken. Dann streckte die Frau ihren rechten Zeigefinger und sprach mit ernster Miene: „Immer schön zurückschneiden!"

Solche oder ähnliche Momente haben Sie doch auch schon erlebt. In jeder Sippe, jeder Firma, überall gibt es diese Besserwisser, Menschen, die glauben, zu allem ihren Senf dazu geben zu müssen. Leute, von denen man wünscht, sie wären ein Radio, dann könnte man sie abstellen.

Besserwisser sind Egomanen, denen es nur um die eigene Darstellung geht. Sie sind eine Symbiose aus Perfektionismus und Nörgelei und brauchen ständig Anerkennung, weil sie ein geringes Selbstwertgefühl haben.

Ernst Ferstl, ein österreichischer Schriftsteller, Jahrgang 1955, soll gesagt haben: „Es ist ein Jammer, dass Besserwisser zwar alles besser wissen, aber nichts besser machen."

Besserwisserei basiert höchstens auf Halbwissen

Besserwisser sind redegewandt. Ihnen genügen ein paar Stichworte, schon basteln sie daraus eine Weltanschauung, Philosophie, Meinung oder These.

Mancher Besserwisser unserer Tage denkt einfach mal quer und konstruiert krudes Zeug zum Thema Coronaimpfung, worin sogar ein weltbekannter ehemaliger Firmenchef vorkommt.

In der beliebten Fernsehserie „Ein Herz und eine Seele" aus den 70er Jahren gibt sich die Hauptfigur, Alfred Tetzlaff, stets ein neues Stichwort und konstruiert wüste Theorien, die er aufs rüdeste verteidigt. Mittels Halbwissen und Vermutungen erschafft er aus dem Stand Thesen, die alle Anwesenden zunächst verblüffen, bevor sie ihm dann heftig widersprechen.

Wie umgehen mit solchen Menschen, wäre jetzt die logische Frage, die wir aber hier gar nicht stellen werden. Warum? Der Grund liegt nahe: „Wissen *Großeltern* alles besser" oder tun sie manchmal nur so?

Wir wollen uns jetzt an die eigene Nase fassen, denn Großeltern, besonders Großväter, neigen dazu, besserwisserisch zu agieren.

Wie entgehen Sie der Besserwisserei?

Kennen Sie die Geschichte mit den drei Sieben von Sokrates? Ein Mann wollte Sokrates etwas berichten. Doch hielt ihn der weise Mann zurück und fragte stattdessen, ob das, was er für so berichtenswert erachte, durch die drei Siebe geprüft wurde.

Sieb Nummer eins sei das Sieb der Wahrheit. Sokrates fragte den Mann, ob er seine Erzählung auf ihren Wahrheitsgehalt geprüft habe. Der Mann verneinte.

Dann, meinte Sokrates, könne man ja das zweite Sieb hernehmen und fragen, ob wenigsten gut sei, was er zu berichten gedenke. Oh, nein, erwiderte der Mann, das Gegenteil sei der Fall.

Dann, so Sokrates, müsse man das dritte Sieb nehmen und fragen, ob es notwendig sei, davon zu sprechen. Auch das verneinte der Mann. Also, schlussfolgerte Sokrates, wenn das Ganze weder wahr noch gut noch notwendig ist, sollte es niemanden belasten und nicht weitererzählt werden.

Wahr, gut, notwendig?

Lassen Sie Ihren Redefluss durch diese drei Siebe „tropfen", bevor Sie loslegen und Sie vermeiden Unheil.

An den folgenden vier Kriterien können Sie den Wahrheitsgehalt von Aussagen oder Behauptungen ebenfalls überprüfen:

- Fragen Sie nach, woher Ihr Gegenüber die Aussage, Behauptung oder den Fakt hat. Antworten, wie, „das hab ich mal irgendwo gehört oder gelesen" oder „jemand hat es erzählt", halten einem Faktencheck nicht stand.
- Fragen Sie nach, ob Ihr Gesprächspartner diesen Fakt genau kennt. Vermutungen sind keine Grundlage.
- Fragen Sie Ihren Gesprächspartner, warum er gewillt ist, diesen Fakt als wahr und richtig anzusehen. Lassen Sie es sich begründen und hinterfragen Sie hartnäckig, dann trennt sich die sogenannte Spreu vom Weizen und mancher wird antworten: Ich meinte ja nur … oder: ich dachte …
- Informieren Sie sich im Internet über Behauptetes. Meistens relativiert es sich schnell.

Wie äußert sich großelterliche Besserwisserei?

Großelterliche Besserwisserei äußert sich nicht immer mit Worten. Oft reichen Gesten oder ein entsprechender Gesichtsausdruck, seinen Gesprächspartner niederzumachen, den Eifer zu bremsen. Darum Vorsicht, liebe Großeltern: Wer keine Ahnung von der Digitalisierung hat, sollte sich hüten, Kinder und Enkel zu brüskieren und zu sagen: So was brauchen wir nicht!

Oder die Neuanschaffung Ihrer Kinder, anstatt sie zu bewundern, in den Dreck zu ziehen: Hättet ihr das Geld mal lieber aufs Konto getan. Muss es denn gleich so ein großes Auto sein? Wieso wollt ihr bauen, uns hat lebenslang die Wohnung gereicht! Oder: Wieso wollt ihr nicht bauen, Kinder sollten in einem Haus aufwachsen.
Wer seine Kinder und ihre Lebensentwürfe herabwürdigt, handelt als Besserwisser. Als ein Jemand, der dafür ist, dass er immer dagegen ist, um seinen Kindern bloß keine Handbreit Boden zu lassen. Nach dem Motto: Hier sind immer noch wir Großeltern die Bestimmer und jedes Mittel ist uns recht, uns in den Vordergrund zu spielen.

Manche Großeltern wissen zwar nicht, was es mit dem Anschluss ans Breitband-Netz zur Internetabdeckung auf sich hat, aber weil die Kinder begeistert sind, streuen sie Zweifel: Es könnte nicht gesund sein oder für die Enkel eine Ablenkung von den täglichen Pflichten.
Die Enkelmutter wird lächerlich gemacht, weil sie den ganzen Tag ihre Kinder mit dem Auto zur Schule, zur Freizeitbeschäftigung und zu den Freunden kutschiert. Man lässt Bemerkungen fallen, dass ganz früher die eigenen Eltern kilometerweit bei Wind und Wetter zur Schule liefen, völlig auf sich gestellt. Man teilt entsprechende Kettenbriefe, die im Netz rumgeistern, wo es heißt, früher brauchte man keine Handys und Freunde fanden sich auf der Straße.

So etwas geschieht, wenn Großeltern sich anmaßen genau zu wissen, wie das heutige Leben funktioniert.

Typ eines Besserwissers: der „Besserwessi"

Nach dem Fall der Mauer 1989 und der Wiedervereinigung 1990 traten sowohl die unterschiedlichen Vorstellungen wie auch das unterschiedliche Wissen übereinander in Ost und West offen zu Tage.

Während viele DDR-Bürger, ihr ganzes Leben mit „Westfernsehen" aufgewachsen, über ein gewisses Maß an Informationen über Westdeutschland verfügten, war das umgekehrt, bei den Westdeutschen, nicht der Fall. Wer schaute schon DDR-Fernsehen, vor allem Propagandasendungen wie „Der Schwarze Kanal"? Für sie waren wir, solange die Mauer stand, die bemitleidenswerten, unterdrückten Menschen jenseits des Eisernen Vorhangs, mehr nicht.

Wenn Bundesbürger unser Land besuchten, hatten sie hier Verwandte oder geschäftlich zu tun. Der Rest machte sich selten die Mühe, zu unseren bedeutenden Kulturstätten und Naturschönheiten zu reisen, obwohl es möglich gewesen wäre. Wer aus in den alten Bundesländern weiß schon, dass eigentlich die Müritz, an der Mecklenburger Seenplatte gelegen, der größte deutsche Binnensee ist und nicht der Bodensee?

Dem gemeinen DDR-Bürger dagegen waren weder der Schwarzwald zugänglich noch Schloss Neuschwanstein. Nur Rentner genossen Reisefreiheit. Als 1972 eine neue Reiseregelung in Kraft trat, die Bürgern der DDR in dringenden Familienangelegenheiten eine Besuchsreise in die BRD gestattete, wurden viele Cousins und andere West-Verwandte „ausgegraben", um wenigstens einmal das „gelobte Land" selbst in Augenschein nehmen zu können.

Nach dem Fall der Mauer machte im Westen schnell das Wort vom „Jammerossi" die Runde. Das war ein typischer Ostmensch, der nichts auf die Reihe bekam, keine Eigeninitiative entwickelte und nur herumjammerte.

So mancher Ostbürger war damals einem verklärten Westbild aufgesessen. Die da „drüben" hatten es ja, dort schien alles möglich. Mancher glaubte gar, im Westen hinge das Geld an den Bäumen, man müsse es nur ernten, wie im „Schlaraffenland". Dass dieses System von jedem harte Arbeit und Eigenverantwortung abverlangte, um zu schaffen, was man besaß – diese Realität traf manchen hart. Die Wiedervereinigung war eine großartige politische Leistung, etwas Einmaliges in der deutschen Geschichte. Als dann alle Feuerwerke abgebrannt und die deutsche Hymne verklungen war, hatte uns der Alltag wieder:

Die neoliberale Gesellschaft des Westens traf auf die traditionelle Industriegesellschaft des Ostens, die ehemaligen DDR-Bürger fühlten sich überfahren und vereinnahmt, „kohlonialisiert". Ihre Biografie, wie sie in diesem System überlebt hatten – uninteressant für die meisten Westdeutschen. Sie gaben sich gönnerhaft und herablassend, was Ostdeutsche als Entwertung ihrer Lebensleistung auffassten. Mancher Altbundesbürger trat auf wie Trump während seiner Regierungszeit: unbelehrbar und selbstherrlich bevormundend.

Seit der Wiedervereinigung waren fast alle Ostdeutschen mindestens einmal in den alten Bundesländern, der Prozentsatz Westdeutscher dagegen, die die neuen Bundesländer bisher besuchten, lässt zu wünschen übrig. Von „Dunkeldeutschland" und was man da solle, wird gesprochen.

Doch zurück zu Großeltern. Agieren Sie etwa genauso überheblich und arrogant? Uninteressiert und unbelehrbar? Nehmen Sie, gefangen im eigenen Denken, Ihre Kinder und Enkel in einer Weise wahr, die für sie verletzend ist? Sehen Sie, wie durch eine falsche Brille, nur was Ihnen gefällt, passt und Ihren Vorstellungen entspricht? Ihre Ansichten sind unverhandelbar, wer sich nicht fügt, bleibt außen vor? Sie pochen auf Ihre Lebenserfahrung und leiten daraus entsprechende Erwartungen ab?

Einfach mal den Mund halten

Nehmen wir ein Beispiel: In der Enkelfamilie hat der Vater mithilfe eines Youtube-Videos eine Blumenbank gebaut, damit die Mutter ihre geliebten Topfpflanzen ans Fenster stellen kann. Obwohl der Vater nicht besonders praktisch begabt ist, finden Frau und Kinder, die Blumenbank sei gelungen. Sie haben ein Foto ins Netz gestellt und viele Likes bekommen.

Die Großeltern kommen zu Besuch und Opa fragt: „Was habt ihr denn für ein Klettergerüst vor dem Fenster?" Der Vater bekennt sich zu seiner Tat. Opa brubbelt: „So kann man das doch nicht machen!", und kommt während der nächsten zwei Stunden nicht von diesem Thema los, lässt keine Gelegenheit aus, dem Schwiegersohn klarzumachen, dass er, was das Praktische anbelangt, eine Niete ist. Vielleicht steigert er sich so hinein, dass am Ende rauskommt, Opa hätte seiner Tochter einen besseren Mann gewünscht.

Weil viele Migranten tagsüber untätig herumsitzen müssen, ziehen Oma und Opa den Schluss, die seien nur zu faul zum Arbeiten. Dabei haben sie noch nie mit einem von ihnen gesprochen, aber ein „komisches" Gefühl scheint ihr (Vor)Urteil zu bestätigen. „Brauchst mir gar nichts zu erzählen", wimmeln sie die Enkelin ab, die ihnen aufgeregt berichtet, dass sie heute in der Schule ein paar jugendliche Migranten zu Gast hatten und von ihren dramatischen Schicksalen hörten. Oma und Opa hören nicht zu, weil sie glauben, Bescheid zu wissen. Wer nicht arbeitet, ist faul, wer von daheim flieht, ein Feigling oder hat was auf dem Kerbholz. So einfach ist die Welt, so rund, so undifferenziert.

Die gleiche Schablone benutzen sie, wenn es um Obdachlose geht. Die bewegenden Schicksale der meisten, wer will sie schon hören? Das würde den eigenen Frieden und die eigene Befindlichkeit stören.

Wie entgehen Großeltern der Gefahr der Besserwisserei?

Wer sich nicht kundig macht oder vertraut mit den Gegebenheiten, sollte sich mit Urteilen und selbstgebastelten Weltbildern zurückhalten.

- **Persönliche Information ist alles**

Mit anderen Worten: Machen Sie sich kundig und schlau, bevor Sie Ihre „Weisheiten" vom Stapel lassen. Machen Sie sich vertraut damit, dass wir eine Gesellschaft der Vielfalt geworden sind. Dass der Arzt mit arabischem Namen einwandfrei Berliner Dialekt spricht oder die dunkelhäutige Physiotherapeutin perfekt schwäbelt. Sie sind beide hier geboren, aufgewachsen und zur Schule gegangen. Ebenso wie Nachrichtensprecher oder Fernsehkorrespondenten. Gewöhnen Sie sich ab, Menschen, die Ihnen exotisch erscheinen in gebrochenem Deutsch anzusprechen. Es könnte ein Bumerang werden. Inzwischen soll jeder vierte Deutsche einen Migrationshintergrund haben. Auch Großeltern dürfen ihr Denken verändern, und beim Anblick solcher Menschen sagen: interessant, statt: was wollen die hier?

- **Sehen Sie auf die Menschen**

Dasselbe gilt für Lebensformen, mit denen wir schwer zurechtkommen. Sehen Sie auf die Menschen und ihre Potentiale, anstatt darauf, was sich „früher" gehört hätte. Informieren Sie sich nicht nur einseitig oder tendenziell in die Richtung, die Ihnen am besten behagt. Lassen Sie sich gegebenenfalls korrigieren. Ärgern Sie sich nicht, wenn Sie Namen von Politikern hören, die türkisch, arabisch, osteuropäisch oder anders fremdländisch klingen, sondern sehen Sie es positiv: Das sind Menschen, die sich für das deutsche oder europäische Gemeinwohl einsetzen, Menschen, die Verantwortung übernehmen. Auch Ihnen hätte es frei gestanden, sich über eine Partei oder Organisation für ein Mandat im Kreis-, Land- oder Bundestag zu bewerben. Diese haben es getan und leisten jetzt eine Arbeit, die uns allen zugute kommt. Wir sind ein Land der Vielfalt geworden. Das ist gut so und wird sich nicht wieder ändern. Finden Sie sich nicht nur damit ab, sondern versuchen Sie, aktiv Anteil zu nehmen und sei es durch ein Ehrenamt.

Mittels Internet stehen uns viele Informationen zur Verfügung, die Sie gerne nutzen dürfen, um Ihren Horizont gezielt zu erweitern.

Das käme besonders Ihren Enkeln zugute. Denn Oma und Opa, die nicht nörgeln oder alles besser zu wissen meinen, sind prima Gesprächspartner.

Wider besseres Wissen(können): Fakten statt Fake

Begriffe wie „fake", „fake news", „hoaxes", „alternative Fakten" gehören inzwischen zum allgemeinen Vokabular. Gemeint sind Aussagen, bei denen es die Verfasser mit der Wahrheit nicht so genau nehmen. Solches Verhalten hat eine lange Historie. Schon im Altertum unterschied man zwischen Historikern und Dichtern. Wer eine angenehme Geschichte hören wollte, wandte sich an die Dichter. Legte man Wert auf Tatsachen, waren die Historiker gefragt.

Bekannt ist eine Schlacht des ägyptischen Pharaos Ramses II., die er 1274 v. Chr. bei Kadesch führte. Obwohl er haushoch gegen die Hethiter verlor, ließ er in Ägypten etliche Inschriften an Tempeln und öffentlichen Gebäuden anbringen, die seinen Sieg dokumentieren sollten. Fake News aus dem Altertum!

In seinem dreißigsten Fall lässt Donna Leon ihren Kommissario Brunetti eine neue Tacitus-Übersetzung zur Hand nehmen. „Eine Stelle fiel Brunetti besonders auf, und er las sie noch einmal und dann noch einmal. ‚Ich selbst habe das Gerede nur deshalb mitgeteilt und widerlegt, um anhand eines klaren Beispiels falsche Gerüchte abzuweisen und um alle, in deren Hände mein Werk kommen wird zu bitten, dass sie nicht weitverbreitete Ungeheuerlichkeiten, die so begierig aufgenommen werden, der schlichten und unentstellten Wahrheit vorziehen.' ... Vor zweitausend Jahren verbreiteten sich Nachrichten unter der weitgehend analphabetischen Bevölkerung ausschließlich von Mund zu Mund, und Tacitus ermahnte seine Leser, alles Gehörte mit Vorsicht aufzunehmen und allein der unentstellten Wahrheit zu trauen." (Donna Leon, Flüchtiges Begehren, Roman Diogenes Verlag Zürich 2021, Seite 147/148.)

Viele hundert Jahre später machte auch der von uns erwähnte Naturheilpapst Eduard Bilz Fake News ausfindig. Wir zitieren aus dem 19. Jahrhundert. Bilz-Band I, S, 886: „Vor einigen Jahren machte folgende, zuerst von den ‚Berliner Nachrichten' und sodann von dem weitverbreiteten ‚Berliner Tageblatt' gebrachte ‚sensationelle' Geschichte die Runde durch die meisten deutschen Blätter: ‚Die 18 Jahre alte Tochter des Gerichtsrats M., die sich zum Besuche bei Verwandten aufhielt, erwachte am Freitag früh 4 Uhr durch ein heftiges Brennen in den Augen und bemerkte zu ihrem Entsetzen, daß sie nicht sehen konnte. Mit dem Aufschrei: ‚Ich kann nichts sehen!' erweckte sie die Verwandten und brachte dadurch eine ungeheure Aufregung in die Familie. Der herbeigeholte Arzt schrieb den beklagenswerten Zustand heftiger Erkältung durch die Nachtluft zu und sprach die Befürchtung aus, daß eine gänzliche Erblindung nicht ausgeschlossen sei.'"

Eduard Bilz entlarvte des weiteren diese Meldung als eine „Zeitungsente", die jedes Jahr in Variationen in den Zeitungen wieder auftauchte und er schlussfolgerte, es handle sich dabei um das, was wir heute als „mediales Sommerloch" bezeichnen.

Der Begriff „alternative facts" wurde im Februar 2017 durch Kellyanne Conway, einer Mitarbeiterin des ehemaligen US-Präsidenten Trump geprägt. Sie benutzte den Begriff bei der Fernsehdiskussion um die Zuschauerzahlen zur Amtseinführung Trumps. Fotoaufnahmen bewiesen, dass nicht so viele Personen diesem Ereignis beigewohnt hatten, wie vom Weißen Haus behauptet.

Früher waren die Verbreitungswege von Falschmeldungen andere. Falschbehauptungen und Gerüchte wurden beim Kaffeekränzchen, beim Tratsch im Treppenhaus, beim Klatsch auf dem Hof, auf der Straße oder beim Frisör munter weitererzählt. Wobei jeder eine eigene Interpretation anhängte. Die Ausbreitung solcher Geschichten fand mehr oder weniger lokal statt und wurde ungeprüft hingenommen in dem Glauben „da muss schon was dran sein". Nur kritische Menschen prüften den Wahrheitsgehalt, bevor sie sich in die Kette der Nachrichtenverbreiter einreihten. Gerüchte konnten den Ruf betroffener Personen schwer schädigen. Daran hat sich im Laufe der Jahrtausende nichts geändert.

Nachrichten und ihre Glaubwürdigkeit

- **Früher**

Seit etwa 170 Jahren informiert sich die Allgemeinheit über Zeitungen und Zeitschriften. Mit dem Beginn des Radiozeitalters, vor ungefähr 100 Jahren, wurde die Fülle an Informationen schon vielfältiger.

Während die Volksempfänger in Hitlerdeutschland einen „Sieg" nach dem anderen verkündeten und der Bevölkerung ihre Großmachtsphantasien über den Äther einzupeitschen versuchten, informierten sich kritische Menschen beispielsweise bei der BBC über den wirklichen Stand der Kriegshandlungen.

Solche Radios mussten gut versteckt werden. Wer erwischt wurde, kam ins KZ. Die sogenannten „Volksempfänger" dienten ausschließlich der NS-Propaganda. Je nach Standort und Tageszeit waren damit aber auch ausländische Sender, sogenannte „Feindpropaganda", empfangbar.

Nach dem Krieg eroberte das Fernsehen die Wohnzimmer. Die Welt zwischen Fakt und Illusion erforderte nun eine noch kritischere Betrachtung. Dennoch war für viele Fakt, was „Tagesschau" oder andere Sendungen übermittelten. Sie „glaubten" an die Medien. Was der Herr in Schlips und Kragen oder die Dame in der soliden Bluse vorlasen, musste doch stimmen.

▪ DDR-„Fake News"

Da waren wir in der DDR schon weiter. Hätte es den Begriff „fake news" damals schon gegeben, wir hätten ihn mit Sicherheit mehrmals täglich verwendet. Denn was unsere „Aktuelle Kamera", die Nachrichtensendung des DDR-Fernsehens übermittelte, stand in krassem Widerspruch zu den persönlichen Erfahrungen der meisten. Während jeden Abend 19.30 Uhr „Erfolge des Sozialismus" und die „Überlegenheit unseres Systems gegenüber dem Kapitalismus" zelebriert wurden, standen wir nach den simpelsten Dingen des täglichen Bedarfs an. Mal waren es Tassen, dann Zahnbürsten oder Kerzen. Nie war das Warensortiment vollständig. Von Südfrüchten oder Getränken, wie sie zur heißen Jahreszeit in ganz Deutschland heutzutage erhältlich sind, reden wir hier gar nicht. Schüler, die sich trauten, diese Diskrepanz während des Unterrichts offen anzusprechen, hatten mit Nachteilen zu rechnen, ebenso Arbeiter oder Angestellte, Parteimitglieder sowieso. Deswegen sprach man nur hinter vorgehaltener Hand und im Kreis vertrauenswürdiger Menschen offen darüber. Dass viele aus solchen Kreisen sich doch nicht vertrauenswürdig erwiesen, davon konnte sich mancher nach dem Mauerfall in den Stasiakten überzeugen.

Bis zum Schluss hielt Erich Honecker an seiner „Fake"-Propagandastrategie fest. Noch 1989 behauptete er: „Den Sozialismus in seinem Lauf hält weder Ochs´ noch Esel auf."

▪ Omas und Opas „Fake News"

Oder sollen wir freundlicherweise diplomatisch „Mythen" sagen, etwas, das sich im Nachhinein als haltlos und falsch herausgestellt hat? Vieles, was generationenübergreifender Überlieferung entsprungen ist, hat sich inzwischen als unbegründet oder falsch erwiesen. Unbekümmert werden solche großelterlichen „Fake News" der Enkelgeneration trotzdem weitergereicht. Doch die googeln den Fakt mal eben schnell und schon ist die großelterliche Behauptung ad absurdum geführt. Deshalb: Vorsicht mit irgendwelchen Behauptungen, sie könnten widerlegt werden und uns als Schwindler entlarven oder Menschen, die hinterm Mond leben.

- **Hat man Ihnen das auch so beigebracht?**

  - *Wer beim Kirschenessen Wasser trinkt, bekommt Bauchweh? Stimmt nicht mehr, weil heutzutage Leitungswasser das am besten und gründlichsten getestete Lebensmittel ist.*

  - *Zum Essen nichts trinken, weil angeblich Wasser die Magensäfte verdünnt und damit die Verdauung behindert? Stimmt nicht.*

  - *Die Gurke von der Blüte zum Stängel schälen? Wenn überhaupt befänden sich Bitterstoffe, nicht nur am Stielansatz, sondern unter der gesamten Schale. In welche Richtung Sie die Gurke schälten, wäre egal. Inzwischen sind die Bitterstoffe weitgehend rausgezüchtet.*

  - *Pilzgerichte nicht mehr aufwärmen? Doch, darf man. Dieser Rat, früher sinnvoll, gilt in Zeiten moderner Kühlschränke nicht mehr. Pilzgerichte können auch nach erneutem Aufwärmen bedenkenlos verzehrt werden, wenn sie ordnungsgemäß aufbewahrt und ausreichend hoch erhitzt wurden.*

  - *Keimende Kartoffeln nicht essen? Der beim Keimvorgang entstehende schwach giftige Stoff Solanin ist in seiner Konzentration so niedrig, dass man keimende Kartoffeln noch essen kann, wenn die Keime großzügig herausgeschnitten werden. Die Keime sollten aber nicht länger als 1 cm sein.*

  - *Öl zieht Zecken aus der Haut? Eigentlich erreicht man das Gegenteil: Zwar erstickt die Zecke durchs Öl, gibt dabei aber viel Speichel ab oder erbricht in die Einstichstelle und erhöht somit die Gefahr der Übertragung von Erregern. Weshalb es besser wäre, diesen gefährlichen Plagegeist mit einer entsprechenden Pinzette zu entfernen.*

- *Gegen Muskelkater hilft Bewegung? Glaubte man früher. Heute heißt es, betroffene Muskelpartien zu schonen, um spätere Verhärtungen zu vermeiden. Entspannungsbäder, Sauna und sanfte Massagen helfen deutlich besser.*

- *Rotwein fördert tiefen Schlaf? Es stimmt, dass Rotwein gutes Einschlafen fördert. Mit sinkendem Alkoholpegel aber gibt das Gehirn immer wieder einen Weckimpuls, weshalb häufiges Aufwachen und unruhiger Schlaf die Folge sind und Müdigkeit am Morgen.*

- *Beine überschlagen macht Krampfadern? Auch wenn das Blut in übereinandergeschlagenen Beinen nicht mehr gut zirkulieren kann, staut es sich nicht so, dass Krampfadern entstehen. Bei den bläulichen Besenreisern sieht es sich anders aus. Die werden durch übereinandergeschlagene Beine begünstigt.*

- *Gerade sitzen ist gut für den Rücken? Besser wäre eine Sitzhaltung im Winkel von 135 Grad zu den Oberschenkeln.*

- *Cola hilft gegen Durchfall? Ist nur ein Gerücht, mehr nicht.*

- *Frische Luft ist gut für die Wundheilung? Eine Heilung wird nicht verkürzt, weil man frische Luft an die Haut lässt und Pflaster meidet.*

- *Schokolade macht Pickel? Es gibt keinen direkten Zusammenhang zwischen Akne und dem Genuss von Schokolade.*

- *Karotten sind gut für die Augen? Auch hoher Karotten-Konsum ist kein Schutz vor einer Brille.*

- *Eier lassen sich leichter pellen, wenn sie kalt abgeschreckt werden? Hat sich als falsch erwiesen.*

Heutige Mythen

Fast jeder besitzt heutzutage ein Smartphone mit Kamera und Internetzugang. Wo immer wir sind, wann immer wir wollen, ist es möglich, Fotos, Videoaufnahmen und Nachrichten an so gut wie jeden Ort der Welt zu verschicken. Eine hervorragende Möglichkeit, mit Familienmitgliedern und Freunden auf der ganzen Welt in Verbindung zu bleiben. Aber Vorsicht, viele andere Menschen können und machen das ebenfalls! Über soziale Netzwerke, Kurznachrichtendienste und Internetseiten werden inzwischen eine Menge Informationen verbreitet, bei denen Skepsis geboten ist.

Im Zuge der Corona-Pandemie erhielten wir eine Nachricht aufs Handy, worin u. a. geschrieben war: „Das alles entspricht der Wahrheit ... bitte schnellstmöglich und so viel wie möglich weiterleiten!" Wir haben den Fakt, der der „Wahrheit" entsprechen sollte, erstmal gegoogelt und festgestellt, dass er so nicht stimmte und die Nachricht nicht weitergeleitet. Viele andere werden es getan haben. Diese Nachricht hatte alles, was es braucht, um Menschen in Unruhe zu versetzen: einen (teilweise) falschen Fakt, die Anschuldigung, dass die Regierung und die Politiker diesen (falschen) Fakt bewusst unter der Decke halten, um uns weitere Corona-Beschränkungen auferlegen zu können, plus die indirekte Behauptung, man könne Corona mit einfachen Hausmitteln besiegen. Die angebliche „Dringlichkeit" dieser Nachricht wurde zusätzlich dadurch befeuert, dass die Verfasser behaupteten, die Medien hätten diesbezüglich einen „Maulkorb" bekommen und dürften nicht darüber berichten. Weshalb Social-Media-Nutzern eine besondere Aufgabe zukäme.

Computerexperten sagen voraus, dass in Kürze jedermann in der Lage sein wird – und das ohne Fachkenntnisse – Bilder, Videos und akustisches Material beliebig verändern (manipulieren) zu können.
Es funktioniert ähnlich dem Synchronisieren von Filmen. Beim Synchronisieren werden den Schauspielern die Dialoge so geschickt in

den Mund gelegt, dass der Zuschauer kaum mitbekommt, dass sie sich eigentlich in einer anderen Sprache unterhalten. Ähnliches können wir bald auch. Den Mundbewegungen angepasst, kann also bald jeder vom heimischen Computer – Bild und Ton perfekt abgestimmt – Persönlichkeiten wie Obama, Merkel, Johnson, Putin usw. nicht nur Worte, sondern auch ihre Sprachmelodie in den Mund legen. Das Ergebnis sind dann schwer unterscheidbare Äußerungen, die sie so nie gesagt haben und nie sagen würden, „zusammengepuzzelt" aus verschiedenen Reden oder Interviews o. a.

Gesundes Misstrauen wird heute jedem Journalisten beigebracht, dazu, sich Interviews von Interviewpartnern „absegnen" zu lassen. Schon zur Zeit der Tonbänder hätte man Politikern oder anderen Personen des öffentlichen Lebens Worte in den Mund legen können, die so niemals gefallen waren. Schnitttechnik ist eine kleine Kunst und wer die beherrscht, beherrscht auch die, die aufs Band gesprochen haben.

Denken Sie an den Skandal um den Spiegelreporter Claas Relotius 2018. Der Mann hatte für seine Artikel und Beiträge sogar renommierte Preise bekommen, bis sich herausstellte, dass vieles davon gefälscht, gelogen oder unzulässig ergänzt worden war. Auch wir als GroßelternAkademie haben manchmal mit Medien zu tun, werden befragt oder interviewt. Stets bekommen wir den Artikel zum Gegenlesen. Manchmal korrigieren wir, weil es offensichtlich Verständnisprobleme gab. Das wird gerne und dankend angenommen.

Vielleicht befürchten Sie, die „Büchse der Pandora" sei mit den digitalen Medien geöffnet und seufzen im Stillen, dass es früher doch besser, weil einfacher, war. Aber bringt uns solche Denkrichtung weiter? Bestimmt nicht. Sie koppelt uns, im Gegenteil, nur stärker von dem ab, was ist. Sehen Sie auch das Positive. Digitalisierung erleichtert uns manches und hilft mittelbar (die eigentliche Bedeutung von Medium) Kontakte zur Familie, Freunden, Bekannten, Verwandten oder ehemaligen Kollegen zu halten. Natürlich ersetzen WhatsApp, E-Mail und Co. nicht den unmittelbaren Kontakt, aber Sie wissen ja selbst, dass dieser nicht immer möglich ist.

Bedenken Sie im Umgang mit digitalen Medien, dass wir im Mainstream einer sogenannten „Kompetenzillusion" leben, wo sich jeder (Dahergelaufene) als Experte und kompetent für irgendwas auszugeben versucht und dabei übersieht, dass es vieles gibt, das wir getrost Fachleuten, Experten oder Politikern überlassen sollten. Bleiben Sie gelassen und werden Sie nicht Teil der „Infodemie"! Überlegen Sie genau, wem Sie vertrauen können und wem nicht. So werden Sie nicht zwischen Meinungen und Ideologien hin- und hergestoßen.

- **Verschwörungsmythen**

Verschwörungsmythen zählen zu den gezielt gestreuten Desinformationen. Falschinformationen, also etwas das falsch ist, könnten ja korrigiert werden. Verschwörungsmythen bzw. Verschwörungserzählungen, sind deshalb keine Theorien, denn eine Theorie kann überprüft, widerlegt oder aufgrund von Fakten anerkannt werden. Bei Mythen oder Erzählungen ist das nicht möglich. Wussten Sie, dass bereits kurz nach der Gründung der ersten christlichen Kirchen vor 2000 Jahren Verschwörungsmythen im Umlauf waren? Es wurde das Gerücht gestreut, dass der Abendmahlswein aus dem Blut jüdischer Kinder bestand, weshalb Christen angeblich jüdische Kinder entführten, um an deren Blut zu kommen. Kommt Ihnen das irgendwie bekannt vor ...?

Wir zitieren nochmal Donna Leon. Kommissario Brunetti sagt zu seinem Sohn über dessen Lehrer, der geschichtlich noch immer im Gestern verharrt: „Leute wie ihn kann man nicht überzeugen. Er hat für sich entschieden, was wahr ist und was nicht, und alles, was du gegen seine Meinung vorbringst, provoziert ihn nur." (Donna Leon, Flüchtiges Begehren, Roman Diogenes, 2021, Seite 150)

Wie Sie Nachrichten und Fakten sortieren können

Verweigern wir uns der digitalisierten Welt, werden wir schnell abgehängt werden. Unsere Enkel wachsen darin auf. Für sie ist das alles eine Selbstverständlichkeit. Manche Großeltern müssen sich solche Selbstverständlichkeit hart erkämpfen, aber um der Enkel willen lohnt es sich. Letztendlich profitieren Sie auch selbst davon. Keine Angst vor den Risiken und Nebenwirkungen. Auch Fahrradfahren kann gefährlich werden, genauso, wie zu Fuß unterwegs zu sein. Aber bleiben Sie deswegen in Ihren vier Wänden? Nein, mit entsprechender Vorsicht und Umsicht haben Sie bisher Ihren Weg gemacht. So müssen Sie es auch bei den neuen Medien handhaben. Unsere Enkel lernen in der Schule Medienkompetenz. Ein bisschen was davon haben wir Ihnen hier zusammengestellt.

- **Quellenkritik**

Ist die Plattform eine seriöse Quelle oder stehen dort kryptische, fantasievolle Namen? Internetseiten in Deutschland müssen über ein Impressum verfügen. Das ist gesetzliche Pflicht. Ein vollständiges Impressum enthält Name, Adresse und weitere Kontaktdaten, wie die Telefonnummer. Das Impressum sorgt für Transparenz und benennt klar die Verantwortlichkeiten. Ein Impressum bedeutet deswegen auch Glaubwürdigkeit. Falls Sie eine Homepage betreiben, sind auch Sie verpflichtet ein vollständiges Impressum zu haben. Vorsicht vor Seiten und Plattformen ohne Impressum!

- **Faktencheck**

Sicher haben Sie schon Links zu Videos bekommen, wo der Surfer vom Hai verfolgt wird oder während eines Selfies im Hintergrund ein riesiger Bär durchs Bild läuft. Echt oder fake? Bedrohliche Situation oder Manipulation? Im Internet gibt es inzwischen hilfreiche Angebote, die beim Faktencheck helfen. Z. B. die Seite mimikama.at oder correctiv.org. Häufig arbeiten solche Portale mit einer Bewertungsskala. Die Skala beginnt mit „richtig" über „unbelegt", „teilweise falsch" bis zu „frei erfunden". Detailliert wird untersucht und bewertet, ob es sich um einen „fehlenden Kontext", einen „falschen Kontext", eine „falsche Überschrift" oder eine „Manipulation" handelt.

„Familienvater darf nicht in den Urlaub", eine Zeitungsüberschrift (wir haben sie erfunden), die bei uns Mitgefühl und Wut auslöst: Was ist das für eine Firma, die einem Familienvater den Urlaub mit seiner Familie untersagt. Bei näherem Betrachten stellt sich heraus, der Mann hatte versäumt, sich in der seit Januar ausliegenden Urlaubsliste einzutragen, was inzwischen alle anderen Kollegen getan haben. So blieben ihm nur die unbeliebten Novembertage, woran nicht die Firma schuld ist.

Bedenken Sie weiter, dass alle Medien nach der Devise arbeiten, die Nachricht „Hund beißt Mann" ist keine, die man abdrucken, ins Fernsehen oder Radio bringen sollte, die Nachricht „Mann beißt Hund", dagegen schon. Mit anderen Worten: Sensationen werden gebraucht, Nachrichten, die auffallen, sich in Windeseile herumsprechen. Anschläge oder Unglücke werden deswegen oft unzulässig ausgeschlachtet, um hohe Einschaltquoten oder Auflagen zu erzielen. Das ist unschön, aber nicht verboten und solange solche Medien bei der Wahrheit bleiben, nur zum Teil verwerflich.

Die Absicht von „fake news" aber besteht darin, mittels *Des*information und Verschwörungsmythen die Meinungsbildung so zu beeinflussen, dass ein Resultat in ihrem Sinn erzielt wird. Bestes Beispiel sind die Anti-Corona-Demonstrationen, bei denen viele Teilnehmer im Brustton der Überzeugung behaupteten, unsere Regierung habe die Pandemie erfunden, um mittels Impfung Chips in jeden zu implantieren, um die Bevölkerung auf diese Weise manipulieren zu können.
Demokratie braucht beides: Konsens und Dissens. Wir leben in einem Land der Meinungsfreiheit, Sie dürfen offen kundtun, wenn

Ihnen etwas nicht behagt. Sie dürfen sich genauso der Meinung Andersdenkender anschließen und diese lautstark zum Ausdruck bringen. Das alles ist vom Grundgesetz und unserer Rechtsstaatlichkeit gedeckt. Wo es aber kritisch wird, ist, wenn Meinungen und Ansichten als Fakten, die angeblich von der Wissenschaft gedeckt sind, „verkauft" werden.

▪ Faktencheck im Altertum

Wir kommen nochmal zurück zum Philosophen Sokrates (469 – 399 v. Chr.). Mit seinen „Drei Sieben" empfahl er, Nachrichten zu überprüfen, bevor sie weitergegeben werden. Sind sie „wahr", sind sie „gut" und sind sie „notwendig?", fragte er. „Wenn sie das nicht sind", sagte der Weise „lass sie begraben sein und belaste mich und dich nicht damit". Auch das ist in gewisser Weise ein Faktencheck.

▪ Wie unsere öffentlich-rechtlichen Medien arbeiten

Die öffentlich-rechtlichen Medien, ARD, ZDF und die jeweiligen Landesanstalten, versuchen in der Regel, journalistisch sauber, d. h. objektiv und nicht tendenziös, zu arbeiten und zu berichten. Sollten Sie anderer Meinung sein, haben Sie die Möglichkeit, sich einzumischen, falls Ihnen dieser oder jener Beitrag nicht zusagt. Über unseren GroßelternAkademie-Twitter bzw. -Facebook Account haben wir das beispielsweise getan, als der WDR das Lied von Oma als „Umweltsau" herausbrachte. Deswegen ist der WDR für uns kein „Lügenmedium" sondern eine Medienanstalt, deren einer Beitrag uns gegen den Strich ging.

Alle Sendungen, die in den öffentlich-rechtlichen Fernseh- und Radioprogrammen ausgestrahlt werden, unterliegen der Kontrolle durch den Rundfunk- bzw. Fernsehrat, Instanzen zur Wahrung der Informations- und Meinungsvielfalt, der jeweiligen öffentlich-rechtlichen Rundfunkanstalt.

Im Rundfunk- bzw. Fernsehrat sind Mitglieder verschiedener gesellschaftlich relevanter Gruppen wie z. B. Kirchen, Familienverbände, Gewerkschaften, Journalistenverbände, Lehrerverbände oder Elternbeiräte vertreten.

Der Presserat ist in diesem Sinne zuständig für die Printmedien und deren Onlinemagazine. Jeder, ob Privatperson oder Verein, hat das Recht auf Beschwerde. Sie sehen, auch das ist in unserm Land geregelt und transparent.

Oft regeln die Medien Ungereimtheiten selber, wie im Fall Relotius. Falls ein Fakt, eine Zahl oder anderes falsch berichtet wurde, muss korrigiert werden, was meistens in Form einer Gegendarstellung geschieht, als Entschuldigung abgedruckt oder ausgesprochen wird. Wir finden: Solche Strukturen passen nicht in ein verschwörungstheoretisches Raster.

- **Korrigierte Nachrichten basieren nicht auf Fakes**

Manche öffentlich-rechtliche „Korrektur" geschieht innerhalb weniger Stunden oder Tage und fällt meistens gar nicht als Korrektur auf. Stellen wir uns folgende Situation vor: im Irak ereignet sich ein Erdbeben. Die Agenturen melden sofort, dass in einer Stadt Häuser eingestürzt und acht Tote zu beklagen sind. Ein paar Stunden später berichten dieselben Agenturen von hundert Toten, ein paar Tage später von mehr als tausend. War die erste Meldung ein Fake? Nein! Nach dem ersten Informationsstand waren es zunächst acht Tote. Als dann die Bergetrupps eintrafen, fanden sich unter den Trümmern viele weitere Todesopfer und ihre Zahl musste nach oben korrigiert werden.

Gerade hat sich der schreckliche Seilbahnabsturz unterhalb des Mattarone am Lago Maggiore ereignet. Auch hier begannen die Meldungen anfangs mit Vermutungen: wie viele Menschen waren wohl ums Leben gekommen? Einzig, dass eine Gondel mit 15 Mitfahrern abgestürzt war, stand als Tatsache fest. Alles drumherum war Spekulation. Medien reagieren verschieden auf solche Ereignisse, die einen belassen es erstmal bei der Kernmeldung: Seilbahngondel abgestürzt. Andere spekulieren. Wieder andere holen sich auf manchmal abenteuerliche Weise detailliertere Informationen. Folglich kann eine Nachricht nach dem aktuellen Informationsstand stimmen, obwohl später eine abschließende Bewertung anders aussieht. Manche Informationen sind relativ genau, stimmen tagesaktuell – andere wiederum sind absolut richtig oder auch absolut falsch. Wichtig ist, dass Sie auf das Veröffentlichungsdatum achten. Im Medienjargon sagt man: nichts ist so alt, wie die Zeitung von gestern. Aufgrund der Globalisierung und der digitalen Vernetzung kann passieren, dass die Nachricht von vor einer Stunde schon nicht mehr stimmt, weil sich die Ereignisse gerade überschlagen. Erinnern Sie sich, wie zum Anfang der Pandemie alle Politiker einer ins Gespräch gebrachten Maskenpflicht empört und ablehnend gegenüberstanden? Artikel aus dieser Zeit sind höchstens ein Beweis für die Zögerlichkeit der Politik, aber keiner dafür, dass Maskentragen schädlich ist. Inzwischen haben sich die Erkenntnisse und die Meinung der Politiker grundlegend geändert. Deshalb ist das Checken von Fakten unverzichtbar.

Sie sollten wissen, dass sich auch unsere individuelle Stimmungslage und Tagesform auf die Beurteilung einer Sachlage auswirkt. Bei dem womit wir einverstanden sind, nehmen wir „Ungenauigkeiten" eher in kauf. Anders herum legen wir gerne jedes Wort auf die Goldwaage.

- **Bildrechte**
Nutzen Sie am besten selbst gemachte Fotos bei Internetauftritten oder wenn Sie ein Mitteilungsblatt gestalten. Oder suchen Sie nach Bildern von entsprechenden Plattformen. Manche sind zur freien Verfügung andere für Entgelt zu haben. Informieren Sie sich diesbezüglich genau. Kopieren, sprich, „klauen", Sie nicht aufs Geratewohl

Bilder aus dem Netz. Sie könnten sich Ärger und hohe Kosten ein-
handeln, denn Bilder sind grundsätzlich urheberrechtlich geschützt.
Wussten Sie, dass ganze Armadas von Rechtsanwälten auf der Suche nach solchen Urheberrechtsverletzungen ständig das Internet
durchforsten? Eine richtige Abmahnindustrie ist inzwischen entstanden. Deshalb ist Vorsicht geboten, kopieren Sie nicht Bilder, die
Ihnen passend erscheinen, um Sie auf das Mitteilungsblatt Ihres
Vereins oder Ihrer Kirchengemeinde zu setzen. Es könnte Sie teuer
zu stehen kommen.

Posten Sie bitte niemals Bilder Ihrer Enkelkinder auf einer Social
Media Plattform. Sie wollen doch nicht, dass Ihre Lieblinge auf irgendwelchen dubiosen Kanälen landen und gierig begafft werden.
Es ist ein offenes Geheimnis, dass viele Firmen ihre Bewerber digital
akribisch durchleuchten. Gibt es eventuell ein Bild aus früheren Zeiten, wo die Betreffenden in einer kompromittierenden Lage zu sehen sind? Beim Posten von Bildern ist deshalb Vorsicht geboten,
Sorglosigkeit fehl am Platz.
Auch bildnerische Fake News gibt es.

Dabei werden Bilder oder Fotos anders zugeordnet, benutzt, bear-
beitet, verändert, um tendenziöse Meinungen oder gar Verschwörungsmythen zu verbreiten. Nicht selten tauchen angebliche Nackt-
fotos von seriösen Politikerinnen auf. Computerprogramme ermöglichen, Bilder und Filme entsprechend zu „bearbeiten". Deshalb:
bleiben Sie skeptisch, wenn diese oder jene Zeitung reißerisch ein
blamables Bild von Politikern oder andern Personen des öffentlichen
Lebens abdruckt, es könnte „gefakt" sein.

- **Diebstahl der digitalen Identität**

Immer häufiger kommen Mails von „angeblichen" Firmen oder Behörden, worin der Kontonutzer aufgefordert wird, seine Kontodaten
zu ergänzen oder die Rechnung für ein angeblich erhaltenes Pro-
dukt zu bezahlen. Schauen Sie genau hin. Kommt es Ihnen merk-

würdig vor, ziehen Sie Ihre Kinder und Enkel zurate oder erkundigen Sie sich telefonisch bei Ihrer Versicherung, die laut einer Mail „angeblich" noch Geld von Ihnen bekommt. Sie werden merken, die Lage klärt sich schnell auf und die Mail darf im Papierkorb landen. Leider werden wir durch solche Machenschaften immer stärker zu Misstrauen „erzogen".

Ganz dreiste Betrüger stehlen „digitale Identitäten". Wie geschieht das? Accounts der Internetversandhändler werden „geknackt" oder die Identität von einer sozialen Plattform „abgefischt". Mit solcher gestohlenen Identität melden sich die Betrüger auf beliebigen Plattformen an, tätigen im Namen einer falschen Identität Bestellungen u. v. m. Die Ware erhält der Betrüger, die Zahlungsaufforderung der Geschädigte. Der Nachweis, dass man betrogen wurde, kostet Zeit und Nerven und ist nicht immer erfolgreich.

Übrigens: Finden Sie ein Bild im Internet, dessen Bildbeschreibung Ihnen nicht ganz einleuchtet, haben Sie die Möglichkeit, das genauer zu überprüfen. Google hat eine Funktion der Bilderrückwärtssuche. Auf diese Weise finden Sie schnell heraus, dass die fesche junge Frau nicht vor einem Haus in Berlin, sondern in Hamburg steht. Dass es sich nicht um die angeblich getrennte Freundin eines Schlagerstars handelt, wie die Bildunterschrift glauben machen will, sondern um eine Sozialarbeiterin, die vor einer neu eingeweihten Jugendeinrichtung steht, zum Beispiel.

- **Welche Möglichkeiten gibt es noch, sich vor Meinungsmanipulation zu schützen?**

Teilen Sie nicht alle Nachrichten, die Sie bekommen. Bei Nachrichten, die ausschließlich Emotionen hervorrufen, gerät die Frage nach der Wahrheit ins Abseits. Manche Nachricht, mancher Bericht ist gar kein „Fake" sondern schlechter Journalismus. Da wurde ein Beitrag sachlich falsch zusammengestellt. Es wurde unvollständig recherchiert oder falsch formuliert, das ist schlampig erledigte Arbeit.

Satire und Parodien sind kein Fake. Schauen Sie näher hin, um sie zu erkennen und dementsprechend einzuordnen.

Verschwörungserzählungen und Verschwörungsmythen werden oft von exklusiven Gruppen verbreitet. Wer dabei ist, fühlt sich gleichfalls exklusiv, besonders und berufen. Hier findet ein Vergemeinschaften mit Gefühlen statt. Und nicht zuletzt ist auch Geld im Spiel. Medial mündig werden auch Großeltern nur durch Bildung und Aufklärung.

Bleiben Sie deshalb einerseits neugierig, andererseits kritisch, um sich vor Schaden zu bewahren.

SIEBTENS: STATT BESSER WISSEN: BESSER MACHEN

Sie dürfen sich steigern!

Keine Sorge, auch wenn wir sagen, machen Sie es besser, liegen uns Vergleiche fern. Bessermachen – als wer? Als Ihre Kinder, Freunde, Bekannten, Geschwister? Als Ihre Eltern? Hatten Sie tolerante, liebevolle, aufgeschlossene Eltern, wäre ein Aufruf zum „Bessermachen" verfehlt. Darum sagen wir: machen Sie es besser, als Sie es bisher gemacht haben. Es gibt von allem eine Steigerung, glauben Sie uns! Man kann immer noch ein bisschen besser werden.

Was können Großeltern noch besser machen?

- **Lernen Sie, zuzuhören**

Zuhören ist eine Kunst, ein wirklicher Zuhörer eine Gnade. Ein guter Zuhörer ist jemand, der nicht gleich einen Ratschlag parat hat, mit passenden oder unpassenden Bemerkungen unterbricht, der alles besser weiß (Sie wissen schon: Besserwisser), sondern der seinem Gegenüber uneingeschränkte Aufmerksamkeit schenkt. Manchmal braucht es nur einen Zuhörer, keinen Ratgeber. Schon das Aussprechen kann hilfreich sein, ohne dass es eines Zuspruchs oder Tipps bedarf. Darum: lernen Sie zuhören, egal ob Ihren Kindern, Enkeln oder anderen Mitmenschen.

- **Lassen Sie andere Meinungen gelten**

Gerade ältere Menschen neigen zu festgefahrenen Meinungen. Vielen Senioren wird eine gewisse Starre, bis hin zum Starrsinn, nachgesagt. So nach dem Motto: Meine Meinung steht fest, verwirren Sie mich nicht mit Tatsachen! Vielleicht haben Sie sogar Recht mit Ihrer Ansicht, vielleicht befindet sich Ihr Sohn, die Tochter, auf dem

Holzweg. Dennoch hat jeder Mensch das Recht auf eigene Fehler, die auch wir aushalten müssen. Deshalb lernen Sie, auszuhalten. Andere Meinungen stehen lassen, ohne sich daran abzuarbeiten, das ist tolerant. Tolerante Menschen teilen zwar manche Ansicht nicht, respektieren dennoch die Person. Können wir das trennen, werden wir mit unseren Kindern und Enkeln besser auskommen.

• Lassen Sie sich auf Diskussionen ein

Diskussionen sind keine Belehrungen, sondern der Austausch von (gegenteiligen) Meinungen. Die eigene Meinung äußern, das Gegenargument hören, sich positionieren, einen Kompromiss finden, das alles macht eine fruchtbringende Diskussion aus. Sich mit den Enkeln in dieser Weise auszutauschen ist für beide Seiten gewinnbringend. Die Sicht der Dinge darf unterschiedlich sein und bleiben. Miteinander darüber zu reden, zu streiten, in lebhaften Austausch zu kommen, ist ein Gewinn für jede Seite.

• Lernen Sie, sich und Ihren Standpunkt zu hinterfragen

Woher stammt Ihr Weltbild? Woraus besteht Ihr Wertefundament? Ist es Ihr eigenes oder haben Sie es von den Eltern, den Großeltern oder einem anderen wichtigen Menschen übernommen? Haben Sie es je hinterfragt?

Die junge Generation ist da viel unbefangener. Sie googeln und ziehen eigene Schlüsse. Tun Sie es ihnen gleich, zum Hinterfragen ist es nie zu spät. Erstaunliche Entdeckungen warten auf Sie, Lebensweisheiten, Wertefundamente oder Glaubensgrundsätze, die Ihnen neu bewusst werden.

Es ist wie beim Haus: Weil die Fenster undicht sind, reißen Sie nicht gleich das ganze Gebäude ab, sondern setzen neue ein, verschönern, reparieren, verbessern. Neue Bedingungen erfordern entsprechende Maßnahmen: Heizung austauschen und Solarzellen aufs Dach. Trotzdem bleibt das Haus immer das ursprüngliche.

Wer ähnlich mit seinem geistigen Erbe umgeht, handelt weise, gemäß dem Goethewort: „Was du ererbt von Deinen Vätern, erwirb es, um es zu besitzen". Geistiges Erbe, selbst erarbeitet, ist bewahrenswerter.

- **Beschäftigen Sie sich mit digitalen Medien**
Das mag Ihnen im Rahmen der anderen Vorschläge etwas ausgefallen klingen. Was haben Diskussion, Meinungen oder Wertefundament mit Digitalisierung zu tun? Die Digitalisierung ist ein sogenannter Megatrend, der sich unabhängig von unserem Verhalten ausbreitet. Wer sich verweigert ist medial abgehängt, nicht nur bei E-Mails oder WhatsApp. Volkshochschulen, Seniorenkreise, Generationentreffs u. a. –bieten seniorengerechte Computer- und Smartphoneschulungen an. Findet vor Ort bei Ihnen nichts Entsprechendes statt, holen Sie sich Ihre Kinder oder Enkel zur Hilfe. Heutzutage ist es für jeden möglich, sich seinem Alter entsprechend mit der Digitalisierung zu befassen. Von Asien ist bekannt, dass auch ältere Menschen Bücher auf Bookreadern oder Tablets lesen und damit einen ganz selbstverständlichen Umgang mit digitalen Medien pflegen.

Meinungsbildung und Information finden heute weniger über die gängigen Nachrichtenformate im Fernsehen, als vielmehr über digitale Medien statt. Wenn, um bei dem gängigen Klischeesprichwort zu bleiben, in „China ein Sack Reis umfällt", wird das sofort auf Socialmedia gepostet und weltweit verbreitet. So kann (leider) jeder live dabei sein, wenn Bomben fallen oder Anschläge verübt werden. Wie Sie diese Meinungs- und Informationsvielfalt sortieren, haben wir in unserm Kapitel „Fake-News" erklärt.

Aber nicht nur Information und Meinung werden über digitale Medien verbreitet, vielmehr hat sich die Digitalisierung lautlos in unseren Alltag „geschlichen". Inzwischen sind die meisten Haushaltsgeräte menügesteuert. Der Erwerb einer Fahrkarte ist vielerorts nur noch am menügesteuerten Automaten möglich. Der digitale Impfpass, die elektronische Krankenakte, selbstfahrende Busse und Bahnen, all das wird die nahe Zukunft. Wer da nicht mithält, vor dem schließen sich die Zugtüren. Oder er wird zum Schwarzfahrer, weil er nicht in der Lage ist sich ein Ticket zu ziehen oder die entsprechende App auf seinem Smartphone zu nutzen, was dann richtig teuer werden kann.

Auch altersgerechtes Wohnen wird digital. Wer mit der Digitalisierung umzugehen gelernt hat, hat gute Aussichten bis zum Schluss in seiner eigenen Umgebung bleiben zu können. Denn seniorengerechte Wohnungen sind inzwischen digital hochgerüstet. Aufgeschlossenheit zahlt sich somit auch in späterer Lebensqualität aus.

Wer heute mithalten will, muss ständige Veränderungen in kauf nehmen. Was beängstigend klingt, soll nur an Ihre Bereitschaft appellieren. Natürlich brauchen wir nicht immer den neuesten digitalen Kram. Dazu zählen aber nicht der digitale Impfausweis, die digitale Krankenakte und die weiteren Digitalisierungen in dieser Richtung. Gerade Großeltern, die noch relativ jung sind, müssen digital auf dem Laufenden bleiben. Die Zeiten, wo analog und digital noch nebeneinander laufen, neigen sich dem Ende zu.

Der Pandemie sei Dank (das Gute, was das Schlechte brachte), bekamen digitale Anwendungen einen mächtigen Anschub. Anstelle von Präsenzveranstaltungen war Zoom plötzlich auf allen Bildschirmen. Zoom-Vorträge, Zoom-Mitgliederversammlungen, Zoom-Gottesdienste u. v. m.

Wir haben per Zoom sogar Familientreffen- und -feiern abgehalten. Das war bequem und umweltschonend und verletzte keine Lockdownregel. Keiner musste aus dem Haus, weder das Auto noch ein anderes Verkehrsmittel wurde gebraucht. Man war trotzdem auf Veranstaltungen oder anderen Events. Auch das wird zukünftig bleiben.

Das Motto der Architekturbiennale 2021 in Venedig lautete: „Wie werden wir gemeinsam leben?" Besucher, die voller Neugier den deutschen Pavillon betraten, empfing gähnende Leere, als hätten die Ausstellungsmacher ihren Auftrag vergessen. Wer dann aber den an der Wand prangenden QR-Code einscannte, bekam digital eine hochkarätige Schau zum Thema Architektur, Nachhaltigkeit und Umweltschutz geboten. Ein QR-Code als Zugang zu einer Fülle medialer Formate wie Filme, Vorträge und Performances. Wer nicht in der Lage war, den Zugang zu scannen, für den blieb der Pavillon ein inhaltsloser Raum.

Das wird unser aller Zukunft! Bleiben wir dran!

ACHTENS: WISSEN KOMMT VOM LERNEN, WEISHEIT KOMMT VOM LEBEN

Jetzt wird es ein bisschen philosophisch ...

Wissen und Weisheit sind philosophische Begriffe. Schon die alten Griechen unterschieden zwischen Wissen (Episteme) und Weisheit (Sofia).

Nachdem wir uns in den zurückliegenden Kapiteln mit Wissen beschäftigten, soll es jetzt um Weisheit gehen, speziell um großelterliche Weisheit.

- **„Ich weiß, dass ich nichts weiß",**

sagte einst der griechische Philosoph Sokrates vor 2400 Jahren. Das war mit Sicherheit untertrieben und sehr tief gestapelt, denn gerade von Sokrates sind uns viele Weisheiten und philosophische Gedanken überliefert.

Könnten Sie sich diesem „Bekenntnis" anschließen? Dank eines funktionierenden Schul-, Ausbildungs- und Weiterbildungssystems in unserem Land haben wir eine Menge Wissen vermittelt bekommen. Dank digitaler Informationsmöglichkeiten steht uns weiterhin ein unbegrenzter Fundus zur Verfügung. Wäre es da nicht unglaubwürdig, zu behaupten, zu wissen, dass man nichts weiß?

Die Worte „Wissen" und „Weisheit" waren zu alter Zeit mit anderen Bedeutungen verknüpft. Die Bedeutung von „Wissen" war, etwas entdeckt oder gefunden zu haben. Als „weise" galt jeder Gelehrte. Gelehrtenweisheit gründete sich auf Wissen.

▪ Das ist Weisheit

Vom Wissen als „Stückwerk" lesen wir bereits in der Bibel. Der Apostel Paulus, ein studierter Mann, behauptet es so. Er und auch Sokrates gehörten einer Riege umfassend gebildeter Männer an. Zu diesen Zeiten war es üblich, nicht nur ein „Fachspezialist" zu sein. Sokrates´ Weisheit bestand darin, zu erkennen, dass er nur an der „Wissensoberfläche" kratzen würde und ihm weitere Tiefen verborgen blieben, weil ein Leben nicht ausreichte, das umfassende Weltwissen zu erforschen und sich anzueignen.

Die sogenannten „sieben freien Künste", Arithmetik, Geometrie, Musik, Astronomie, Astrologie, Mechanik und Medizin, entstanden in der Spätantike, waren im mittelalterlichen Lehrwesen die Vorbereitung auf das Studium der Theologie, Jurisprudenz und Medizin.
Zur Zeit Goethes gab es die sogenannten „Enzyklopädisten", Männer, vertraut mit dem damals bekannten Weltwissen. Sie dozierten, forschten, konnten befragt werden oder dichteten, wie unser Dichterfürst. Es waren Multitalente, auch im Staatsdienst tätig. Über ihnen allen aber schwebte der Ausspruch des Sokrates: „Ich weiß, dass ich nichts weiß". Ein einzelnes, wie auch immer umfangreich vorhandenes Verständnis, reicht nach Aussage von Sokrates also nicht aus, die Welt zu verstehen.

Goethe legt Faust in dessen Monolog ähnliche Worte in den Mund:
„Habe nun, ach! Philosophie,
Juristerei und Medizin,
und leider auch Theologie
durchaus studiert, mit heißem Bemühn.
Da steh' ich nun, ich armer Tor,
und bin so klug als wie zuvor!
Heiße Magister, heiße Doktor gar,
und ziehe schon an die zehen Jahr'
herauf, herab und quer und krumm

meine Schüler an der Nase herum -
Und sehe, dass wir nichts wissen können!
Das will mir schier das Herz verbrennen.
Zwar bin ich gescheiter als alle die Laffen,
Doktoren, Magister, Schreiber und Pfaffen;
mich plagen keine Skrupel noch Zweifel,
fürchte mich weder vor Hölle noch Teufel -
dafür ist mir auch alle Freud' entrissen,
bilde mir nicht ein, was Rechts zu wissen,
bilde mir nicht ein, ich könnte was lehren,
die Menschen zu bessern und zu bekehren.
Auch hab' ich weder Gut noch Geld,
noch Ehr' und Herrlichkeit der Welt;
es möchte kein Hund so länger leben!
Drum hab' ich mich der Magie ergeben,
ob mir durch Geistes Kraft und Mund
nicht manch Geheimnis würde kund;
dass ich nicht mehr mit sauerm Schweiß
zu sagen brauche, was ich nicht weiß;
dass ich erkenne, was die Welt
im Innersten zusammenhält,
schau' alle Wirkenskraft und Samen,
und tu' nicht mehr in Worten kramen."
Johann Wolfgang von Goethe (1749-1832)

- **Weise ist, wer „dahinter" blicken kann**

Die sprachliche Wurzel unseres deutschen Begriffes „weise" ist „veda" und bedeutet sehen.

Spielen Sie auch manchmal mit den Enkeln „Ich sehe was, was du nicht siehst"? Dabei geht es um den richtigen Blick. Was ist grün oder blau oder gelb in unserer Umgebung und wir sehen es nicht bzw. wissen nicht, was der andere meint? Wir nehmen es nicht wahr, es entgeht unserm Gesichtsfeld und schon hat der andere Spielteilnehmer einen Vorteil.

Das Gleiche geschieht beim Hören und Hinhören. Der eine hört nur Gezwitscher und der andere weiß sofort, welcher Vogel da singt. Die einen Großeltern hören, die andern hören zu und erkennen die Not und das Problem der Kinder und Enkel. Es hat etwas mit verstehen und verstehen wollen zu tun.

Dahinter zu blicken können Sie üben. Es bedarf einer gewissen Sensibilität, einer Offenheit und eines bewussten Trainings. Großelterliche Weisheit erkennt Zusammenhänge und kann sie deuten.

Weise Menschen und ihr Lebenssinn

Was ist der Sinn Ihres Lebens? Welches Wertesystem haben Sie? Haben Sie ein Wertesystem und haben Sie einen Lebenssinn?, das fragen wir Sie ständig in unseren Publikationen der Edition GroßelternAkademie und wiederholt an dieser Stelle. Denn das ist entscheidend und die Grundlage für großelterliche Weisheit.

- **Das Leben besteht nicht nur darin, seine Existenz zu sichern**

„Der Sinn des Lebens ist die Arbeit", lehrte man uns im DDR-Schulsystem. Wer nicht arbeitete, war verdächtig und wurde vom Staat beobachtet. Wer nicht arbeiten konnte, wie beispielsweise Invalide oder Senioren, führte nur noch ein Nischendasein.

Im Kapitalismus dagegen sind Gewinnmaximierung und Karriere oberste Priorität. Wer hier nicht mithalten kann, hat ganz schlechte Karten.

Beides ist keine befriedigende Antwort auf die Lebenssinn-Frage, denn sie geht an wichtigen Kriterien vorbei, wie Werte, Ziele, Kultur, Ästhetik und Kunst. Alles Aspekte, die unsere Antwort nach dem Lebenssinn beeinflussen.

- **Leben, um zu arbeiten oder arbeiten, um zu leben?**

Mancher findet seinen Lebenssinn, indem er Bäume rettet, andere retten Straßenhunde. Anderen ist die eigene Briefmarkensammlung das wichtigste im Leben.

Lebenssinn oder Sinnstiftung ist etwas Individuelles, worüber sich mit andern schwer diskutieren lässt. Jeder kann sich nur selbst hinterfragen und seinen persönlichen Lebenssinn formulieren. Wir können andere nicht mit dem, was uns ausmacht „missionieren", ihnen unsere Vorstellungen überstülpen oder sie zum alleinigen Maßstab erklären.

- **Was bleibt?**

Es bleibt die Frage: Was überdauert Ihre Zeit? Was käme nach Ihnen? Was bleibt, wenn Sie nicht mehr sind? Bleibt die Briefmarkensammlung? Wer springt in die Lücke, die sich beim sozialen Einsatz auftut, wenn Sie nicht mehr sind? Nur zwei Beispielfragen. Sicher stellen Sie Ihre eigenen.

Großeltern denken in Generationen. Großeltern sind die Brücke von der Vergangenheit in die Zukunft. Nach Ihnen kommt eben nicht die Sintflut, sondern nach Ihnen wird es weiter in die Zukunft gehen, in Ihrem Sinne und mit dem von Ihnen gelegten Wertefundament.

Es ist ein einmaliges Gefühl, ein neugeborenes Enkelkind in den Armen halten zu dürfen. Denn damit ist die familiäre Generativität gegeben. Das Gefühl familiärer Zugehörigkeit ist an sich schon ein Stück Sinnhaftigkeit. Das ist meine, unsere Familie, Sippe, Verwandtschaft – auf diese Weise hat jeder seinen Platz und seine Rolle in dieser Welt, im Leben. Nicht zuletzt geht es um Orientierung für den persönlichen Lebensentwurf jedes Familienmitglieds.

Engagement fürs eigene Umfeld stiftet Lebenssinn

Das beste Wertefundament nützt nichts, wenn es nicht in Handeln mündet. Nur bei einer Übereinstimmung von Werten und Handeln, ist Lebenssinn glaubhaft vermittelbar. Sonst sind Sie unecht und nicht überzeugend. Mögliches Theoretisieren nimmt Ihnen niemand ab. Kluges Bücher wälzen, grübeln oder andere belehren, bleiben sinnentleerte Phantastereien, wenn Sie sich vor der praktischen Umsetzung scheuen. Praktisches Handeln erfordert Mut und Kontinuität. Durch Handeln übernehmen Sie Verantwortung und geben Ihrem Umfeld das Signal, es Ihnen gleichzutun.

Menschen, die sinnerfüllt leben, gehen besser mit Krisensituationen um. Selbst wenn manches im eigenen Leben fragwürdig wird, sind solche Menschen resilienter in schwierigen Lebenssituationen. Häufig gehen resiliente Menschen gestärkt aus Krisen hervor.

Weisheit des Alters

Worin besteht nun die Weisheit des Alters, speziell die großelterliche Weisheit?
Es ist ein Dreiklang von denken, sagen und tun.

- **Denken**

Jungen Menschen sagen wir oft, sie sollen „erstmal den Verstand einschalten", bevor sie reden. Gleiches sollten sich auch Großeltern an den Spiegel stecken. Grundsätzlich gilt es, seine Worte abzuwägen. Bekannterweise können Worte sowohl heilen als auch zerstören. Worte sind wie Federn, die, einmal losgelassen, kaum wieder einzufangen sind. Jeder kennt die Erfahrung, unüberlegte Worte gesprochen zu haben und was daraus folgen kann.
Wer mehr denkt, als spricht, wird zu weiser Erkenntnis kommen, weise Entscheidungen treffen und ein weises Urteil fällen.

- **Sagen**

Wer mehr denkt, als spricht, dessen Worte haben großes Gewicht. Gewichtige, weise Worte sind selten in einer Zeit, wo jeder seinen „Senf" dazu geben muss, ob in digitalen Medien oder Talkshows. Viele reden einfach so daher und wundern sich hinterher über geteilte Reaktionen. Deswegen gilt für uns Großeltern: weniger ist mehr! Damit meinen wir keinesfalls das Erzählen von früher oder das Vorlesen. Sondern die Kommentare, die Großeltern gerne ablassen, als kleine Stichelei oder Bissigkeit. Worte können eine gewaltige Wirkung haben, so oder so.

- **Tun**

Wir können uns beschäftigen oder wir können etwas tun. Viele Großeltern engagieren sich nicht nur in ihren Familien und helfen bei der Betreuung der Enkel, sondern sind darüber hinaus noch ehrenamtlich tätig. Das ist wichtig und gibt den Enkeln ein nachahmenswertes Beispiel. Wer nicht nur vom heimischen Sofa die Welt rettet, sondern sich wirklich einbringt, wird als weise empfunden und als Vorbild.

Weise Großeltern, die sich um Generativität bemühen, wissen: „Gedacht heißt nicht immer gesagt, gesagt heißt nicht immer richtig gehört, gehört heißt nicht immer richtig verstanden, verstanden heißt nicht immer einverstanden, einverstanden heißt nicht immer angewendet, angewendet heißt noch lange nicht, beibehalten." (Konrad Lorenz)

QUELLENVERZEICHNIS

MDRZeitreise: mdr.de 12.05.2021

https://www.mdr.de/zeitreise/chemiekonferenz-leuna-ddr-100.html
12.05.2021

https://www.mdr.de/zeitreise/impfen-impfgegner-geschichte-des-impfens-
100.html 12.05.2021

https://www.real-markt.de/besser-leben/ernaehrung-gesundheit/gesunde-
ernaehrung/geschichte-der-ernaehrung-essen-frueher-und-heute/
13.05.2021

https://www.apotheken-umschau.de/gesund-
bleiben/ernaehrung/essgewohnheiten-heute-und-vor-50-jahren-
711837.html#:~:text="Im Vergleich zu heute aß,Gemüse ist gesünder als
Fleisch. 13.05.2021

Weltall, Erde, Mensch: Verlag neues Leben Berlin 1954, 16. bearbeitete
Auflage 1968, Lizenz Nr. 303(305/82/68) und Karten Nr. 970/67

https://www.focus.de/panorama/welt/geschichte-kneipe-kirmes-kino-als-
vor-100-jahren-das-grosse-konsumieren-begann_id_3785000.html
16.05.2021

https://de.wikipedia.org/wiki/James_Watt 18.05.2021

https://zeithistorische-forschungen.de/3-2006/4532 21.05.2021

https://www.1000dokumente.de/pdf/dok_0073_gwa_de.pdf .. 21.05.2021

https://www.augsburger-allgemeine.de/politik/Alvin-Toffler-Der-zweite-
Zukunftsschock-Die-Welt-in-vierzig-Jahren-id8680756.html 21.05.2021

https://www.stern.de/politik/deutschland/pro-und-contra-hilft-mehr-
bildung-gegen-armut--3812376.html 21.05.2021

https://www.kompaktmedien.de/aktuelles/alvin-tofflers-future-shock-50-
jahre-danach/ 21.05.2021

https://www.stern.de/politik/deutschland/pro-und-contra-hilft-mehr-
bildung-gegen-armut--3812332.html 21.05.2021

https://www.bpb.de/251948/zwischenruf 21.05.2021

https://www.oncampus.de/blog/2019/06/17/10-gruende-warum-
lebenslanges-lernen-so-wichtig-fuer-deine-zukunft-ist/ 21.05.2021

https://erwachsenenbildung.at/aktuell/nachrichten/12616-bildung-als-zufriedenheitsfaktor-im-alter.php 21.05.2021

https://studiblog.net/behinderte-menschen-umgang-geschichte/ 24.05.2021

https://leidmedien.de/geschichte/zur-geschichte-des-umgangs-mit-behinderung/ 24.05.2021

https://www.grin.com/document/15822 24.05.2021

https://studiblog.net/behinderte-menschen-umgang-geschichte/ 24.05.2021

https://www.desoutter.de/industrie-4-0/news/459/industrielle-revolutionen-von-industrie-1-0-zu-industrie-4-0 24.05.2021

https://de.wikipedia.org/wiki/Stiftung_Warentest25.05.2021

https://de.wikipedia.org/wiki/Arbeitsgemeinschaft_der_Verbraucherverb%C3%A4nde 25.05.2021

https://karrierebibel.de/unnutzes-wissen/ 25.05.2021

https://www.bpb.de/gesellschaft/bildung/zukunft-bildung/229702/schulgeschichte-nach-1945 26.05.2021

https://www.mdr.de/zeitreise/impfen-impfgegner-geschichte-des-impfens-100.html 27.05.2021

https://www.bild.de/ratgeber/2021/ratgeber/die-10-schoensten-bloedsinns-mythen-von-oma-und-opa-76569146.bild.html 31.05.2021

https://www.bertelsmann.de/news-und-media/videos/live-stream/das-blaue-sofa-in-guetersloh/ 13.06.2021

https://magazin.mein-erbe-tut-gutes.de/impulse/sinnfoschung-weitergeben-stiftet-lebenssinn/ 06,06,2021

https://www.n-tv.de/wissen/Deutschland-von-Extremwetter-bedroht-article22619193.html 15.06.2021

https://link.springer.com/chapter/10.1007%2F978-3-642-76256-7_2 16.06.2021

https://www.nabu.de/umwelt-und-ressourcen/abfall-und-recycling/26205.html 25.06.2021

https://larperleben.de/mittelalter-verletzungen/16.06.2021

Bilz, das neue Naturheilverfahren, Band I und II: Leipzig, Verlag von F. E. Bilz, erschienen 1888

Ritas Leute, Ulla Lachauer, Rowohlt Taschenbuch, November 2003, ISBN 3 49923527 7

Gutenberg-DE Edition 10, DVD, Copyright ©2007, Hille&Partner GbR Projekt Gutenberg-DE, Hamburg, Goethes „Faust"

Drei Männer im Schnee, Erich Kästner, © Copyright 1931 bei Rascher & Cie. AG, Zürich, Printed in Germany 1969

Donna Leon, Flüchtiges Begehren, Roman Diogenes Verlag, 2021, ISBN 978 3 257 07120 7

Loriots Ödipussi, Diogenes Verlag AG Zürich, 1988

Marianne und Reinhard Kopp

Wir sind seit über vierzig Jahren gerne miteinander verheiratet, haben vier erwachsene Kinder, Schwiegerkinder und zwei Enkel.

Wir haben beide einen diplomierten Abschluss in Theologie und waren bis zu unserer Pensionierung in der Gemeindearbeit tätig.

Wir sind beide zertifizierte Paarberater für die „Vorbereitung und Stärkung von Paarbeziehungen".

Wir sind zertifizierte Seelsorger für Krisenintervention.

Reinhard ist zertifizierter Mentor, hat an Weiterbildungen für Trauerberatung und Vergebung teilgenommen.

Marianne hat an Weiterbildungen für Radiojournalismus teilgenommen und ein Fernstudium für Autoren absolviert.

Wir haben über zehnjährige Erfahrung in Selbsthilfearbeit mit Schwerpunkt Lebensberatung.

Wir haben mehr als zehnjährige Erfahrung in der Großelternarbeit.

Seitdem wir im Ruhestand sind, nehmen wir ständig an qualifizierten Weiterbildungen teil, die über Hochschulen, Institute oder Akademien angeboten werden oder an Fachtagen des Landesseniorenrates. Wir engagieren uns ehrenamtlich in der Seniorenarbeit unseres Heimatkreises, unserer Kreisstadt und unseres Bundeslandes Baden-Württemberg.

Publikationen der *E*dition GroßelternAkademie

Marianne und Reinhard Kopp

(erschienen bei BoD)

Typisch Oma, typisch Opa?!
Wir Großeltern von heute

Wetten, dass Ihnen manche Seite des Großelterndaseins noch gar nicht bewusst war? Wissen Sie, was eine „Küchen-Oma" ist oder ein „Mitreißer-Opa"? Sie wollen für die Enkelfamilie gerne da sein, aber nicht vereinnahmt werden? Weil Sie sich zurückhalten, werfen Ihnen die Kinder Ignoranz vor? In unserm Ratgeber zeigen wir Ihnen, wie Sie den Spagat zwischen Enkelfürsorge und eigenem Lebensanspruch schaffen.

396 Seiten
12,99 EUR
ISBN 9-783749-471973

Miteinander, füreinander, voneinander
Wir christlichen Großeltern von heute

Ein Großelternratgeber, der sich vor allem an christliche Großeltern wendet. Wir beschäftigen uns u.a. mit dem biblischen Generationenbegriff, mit Wertewandel, aber auch mit geistlichem und sexuellem Missbrauch. Auch vom Klimawandel und seinen Folgen, sowie der Stärkung des Umweltbewusstseins ist die Rede. Es geht uns um ein erfüllendes, fruchtbares Miteinander der Generationen in Familien und Kirchengemeinden.

300 Seiten
9,99 EUR
ISBN 9-783751-997324

Mein liebes Enkelkind

Manche Oma, mancher Opa denkt nicht nur an sein Enkelkind, sondern hinterlässt ihm auch gerne ein schriftliches Vermächtnis. Dafür haben wir dieses Großeltern-Tagebuch gemacht. Auf 366 Seiten gibt es von uns für jeden Tag einen Impulssatz zur Großelternschaft. Um Ihnen das Schreiben zu erleichtern, schlagen wir täglich Themen vor, wie: Was ich dir gerne zeigen/ erzählen würde u.a.
Ein Buch für stille Stunden der Erinnerungen.

52 Seiten
3,99 EUR
ISBN 9-783750-403321

126

Das ABC für Großeltern

Von A wie Achtsamkeit bis Z wie Zurückhaltung geht es für Großeltern munter durch das Alphabet. Ein paar Tipps und neue Blickwinkel zeigen, wie aufregend und perspektivreich großelterliches Leben sein kann.

68 Seiten
3,99 EUR
ISBN 9-783748-120216

Neugier aufs Dessert

Keine geringere als Königin Silvia von Schweden hat den Satz geprägt: „Enkelkinder sind der Nachtisch des Lebens". Dieses und andere Zitate bedeutender Menschen haben uns bei diesem Buch inspiriert. Herausgekommen sind interessante, lesenswerte Impulse für Großeltern.

96 Seiten
4,99 EUR
ISBN 9-783751-997317

Coole Großeltern

Wie müssen Großeltern sein, um bei den Enkeln als „cool" zu gelten? In diesem Büchlein verraten wir es Ihnen. Anhand verschiedener Lebenssituationen zeigen wir, wie Sie bei Ihren Enkeln noch mehr punkten können.

52 Seiten
3,99 EUR
ISBN 9-783750-403321

Was Ihr Euren Kindern antut, wenn Ihr sie von den Großeltern trennt

Ein Plädoyer für die Enkel-Großelternbeziehung
Liebe Enkeleltern, wir müssen reden! Ein emotionaler Appell an alle Eltern, trotz Trennung/Scheidung oder anderen Zwistigkeiten ihren Kindern den Kontakt zu den Großeltern nicht zu versagen. Der Fokus liegt auf den Enkeln, die oft Opfer solch fragwürdiger Entscheidungen sind.

56 Seiten
Paperback 3,99 €
E-book 0,99 €

Neu

Zueinander finden – Wege aus der Trennung von den Enkelkindern

Wie damit umgehen, wenn Großeltern der Kontakt zu ihren Enkelkindern verwehrt wird? Betroffene Großeltern leiden in dramatischer Weise unter diesem Zustand und sind oft hilflos. Wie soll das Leben weitergehen angesichts des Verlustes der Enkelkinder? Dieses Buch gibt Antworten und Betroffenen Hilfestellung.
Ein Arbeitsbuch für von Enkeln getrennte Großeltern, die entweder in einer Selbsthilfegruppe oder auch für sich allein Hilfe und Ermutigung suchen.

200 Seiten
12, 99 EUR
ISBN 9-783754-333082

In Vorbereitung

Gibt es Generationengerechtigkeit?

Was versteht man unter Generationengerechtigkeit?

Gibt es überhaupt Generationengerechtigkeit? Wenn ja, wie kann man sie erreichen?

Wie steht es mit einer Generationengerechtigkeit angesichts des demografischen und des klimatischen Wandels?

Ist Generationen"gerechtigkeit" das richtige Wort? Oder wäre Generationen"verantwortung" angemessener?

Erscheint 2022

Über die GroßelternAkademie

Als wir uns mit der Geburt unseres ersten Enkelkindes auf die Suche nach Großelternschaft in post-industriellen Zeiten der Globalisierung und Digitalisierung begaben, ahnten wir nicht, wie spannend diese Reise sein würde. Wie es scheint, haben wir noch eine ansehnliche Wegstrecke vor uns, denn ständig „springen" uns neue Themen an, mit denen wir uns gerne auseinandersetzen, weil wir selbst davon profitieren.

Seit 2010 sind wir als Privatinitiative aktiv.

Wir publizieren nicht nur, sondern halten auch Vorträge, Seminare und Workshops zu verschiedenen Aspekten der Großelternschaft, wobei wir auch sehr viel von unseren Zuhörern lernen und ihre Anregungen gerne aufnehmen.

Informieren Sie sich unter ww.grosselternakademie.de

oder schreiben Sie uns:

info@grosselternakademie.de